CARTAS DE UM RESILIENTE

SÊNECA

CARTAS DE UM RESILIENTE

LIVRO 3

ENFRENTAR OS
DESAFIOS COM
CONFIANÇA
E CULTIVAR
AS VIRTUDES

TRADUÇÃO DE
ALEXANDRE
PIRES VIEIRA

COPYRIGHT © ALEXANDRE PIRES VIEIRA, 2022
COPYRIGHT © FARO EDITORIAL, 2022

Todos os textos de Sêneca são domínio público.

Todos os direitos reservados.
Nenhuma parte deste livro pode ser reproduzida sob quaisquer meios existentes sem autorização por escrito do editor.

Diretor editorial **PEDRO ALMEIDA**
Coordenação editorial **CARLA SACRATO**
Revisão **BÁRBARA PARENTE E THAÍS ENTRIEL**
Projeto gráfico e diagramação **SAAVEDRA EDIÇÕES**
Capa **OSMANE GARCIA FILHO**

Dados Internacionais de Catalogação na Publicação (CIP)
Angélica Ilacqua CRB-8/7057

Sêneca
    Cartas de um resiliente : enfrentar os desafios com confiança e cultivar as virtudes / Sêneca ; tradução de Alexandre Pires Vieira. — São Paulo : Faro Editorial, 2022.
    224 p. (vol. 3)

ISBN 978-65-5957-109-3
Título original: Epistulae morales ad Lucilium

1. Filosofia 2. Desenvolvimento pessoal I. Título II. Vieira, Alexandre Pires

21-5470   CDD 100

Índice para catálogo sistemático:
1. Filosofia

1ª edição brasileira: 2022
Direitos de edição em língua portuguesa, para o Brasil, adquiridos por **FARO EDITORIAL**

Avenida Andrômeda, 885 – Sala 310
Alphaville – Barueri – SP – Brasil
CEP: 06473-000
www.faroeditorial.com.br

SUMÁRIO

07 Apresentação

09 I. Sobre a qualidade da vida quando contrastada com seu comprimento

13 II. Sobre o valor do conselho

32 III. Sobre a utilidade dos princípios básicos

51 IV. Sobre o enfrentamento de dificuldades

53 V. Sobre a degeneração da época

57 VI. Sobre a inconstância da fortuna

62 VII. Sobre consolo a quem se encontra em luto

71 VIII. Sobre os escritos de Fabiano

75 IX. Sobre a futilidade do planejamento prévio

80 X. Sobre as indicações de nossa imortalidade

88 XI. Sobre os perigos da associação com nossos próximos

90 XII. Sobre o cuidado com a saúde e a paz mental

99 XIII. Sobre enfrentar o mundo com confiança e a Paz de espírito

102 XIV. Sobre a corporeidade da virtude

105 XV. Sobre a obediência à vontade universal

109 XVI. Sobre as abordagens da filosofia

120 XVII. Sobre a associação com homens sábios

124 XVIII. Sobre verdadeiras e falsas riquezas

129 XIX. Sobre a futilidade da Ginástica Mental (sofismas)

131 XX. Sobre reformar pecadores contumazes

132 XXI. Sobre a vaidade da alma e seus atributos

139 XXII. Sobre o estilo como um espelho do caráter

147 XXIII. Sobre as bênçãos superficiais

154 XXIV. Sobre autocontrole

157 XXV. Sobre a filosofia real ser superior às sutilezas silogísticas

166 XXVI. Sobre a futilidade da busca de cargos

171 XXVII. Sobre a natureza como nossa melhor fornecedora

175 XXVIII. Mais sobre virtude

182 XXIX. Sobre o instinto em animais

188 XXX. Sobre a escuridão como um véu para a maldade

194 XXXI. Sobre o conflito entre prazer e virtude

199 XXXII. Sobre o verdadeiro bem como alcançado pela razão

205 Notas

APRESENTAÇÃO

Diversas características de *Cartas de um resiliente* se destacam como proveitosas para interpretação. À medida que a obra progride, há uma tendência das cartas de se tornaram discussões filosóficas mais longas, mais técnicas e mais substantivas. Tal característica sugere que além dos temas e discussões aparentemente díspares, as cartas também tem o objetivo de proporcionar uma educação filosófica.

Esse objetivo se evidencia logo no início da obra. Na primeira carta, Sêneca estimula Lucílio – o destinatário das cartas – a não desperdiçar seu tempo em buscas mundanas, pois o tempo voa e a vida passa. Na segunda carta, ele aconselha o discípulo a respeito da abordagem correta para a leitura dos textos filosóficos. Na quinta carta, aplaude Lucílio pela persistência em seu estudo filosófico, mas o adverte para permanecer focado no propósito desse estudo, ou seja, o aprimoramento moral. Os conselhos de Sêneca em relação à filosofia – o que estudar e como aplicar isso à vida – continua ao longo da obra.

Segundo Sêneca, as paixões destrutivas, sobretudo a raiva e a tristeza, devem ser erradicadas ou moderadas de acordo com a razão. Ele discute os méritos relativos da vida contemplativa e da vida ativa, considerando importante encarar a própria mortalidade e ser capaz de enfrentar a morte. Para Sêneca, o indivíduo deve estar disposto a praticar a pobreza e utilizar a riqueza de maneira adequada.

Em *Cartas de um resiliente*, o conteúdo apresenta muitos temas do interesse de filósofos e não filósofos. Ademais, o bom senso prevalece em grande parte da narrativa. Como o próprio Sêneca resume: "Nenhum homem é bom por acaso. A virtude é algo que deve ser aprendido. O prazer é vil, mesquinho, deve ser considerado inútil, compartilhado até mesmo por animais – o mais ínfimo e o mais mesquinho também busca o prazer. Glória é uma coisa vazia e fugaz, mais leve do que o ar. (...) A morte não é um mal, porque você precisa perguntar? Só a morte é o privilégio igualitário da humanidade".

A perspectiva filosófica de Sêneca deve ser contextualizada em termos de suas circunstâncias específicas. Como muitos filósofos romanos da sua época, ele estava mais interessado na filosofia moral do que nos outros dois ramos da filosofia, ou seja, a dialética e a lógica. O foco de Sêneca na filosofia moral apresenta uma ênfase prática clara. Embora as discussões e as controvérsias teóricas estejam muito presentes nas *Cartas de um resiliente* e em outras obras, a questão principal é a maneira pela qual o estoicismo pode ser aplicado à vida de uma pessoa.

Cartas de um resiliente é uma obra que contém uma quantidade considerável de material, incluindo desde discussões aparentemente mundanas (por exemplo, cartas a respeito de multidões, força bruta e cérebros, festivais e jejuns, banhos públicos e mestres e escravos) até discussões avançadas referentes à teoria estoica. Sêneca costuma fazer uso de algo da vida cotidiana para direcionar a discussão para uma questão ética ou alguma recomendação moral.

Em seus escritos, Sêneca apresenta discussões teóricas e conselhos práticos, enfatizando que ambos são distintos, mas interdependentes. Em relação à teoria, ele considera as discussões filosóficas um bálsamo para as feridas da vida. Quanto à prática, Sêneca acredita que os conselhos ajudam o leitor a desenvolver a coragem necessária para encarar a realidade e lidar com ela da melhor maneira possível.

I.
SOBRE A QUALIDADE DA VIDA QUANDO CONTRASTADA COM SEU COMPRIMENTO

Saudações de Sêneca a Lucílio.

01. Ao ler a carta em que você estava lamentando a morte do filósofo Metronax – como se ele pudesse e de fato devesse ter vivido mais – senti falta do espírito de justiça que abunda em todas as suas discussões sobre homens e coisas, mas falta a você quando se aproxima de um assunto falho a todos nós. Em outras palavras, eu vi muitos que lidam justamente com seus semelhantes, mas nenhum que lida de maneira justa com os deuses. Nós criticamos todos os dias a Fortuna, dizendo: "Por que A foi levado no meio de sua carreira? Por que B não é levado? E aquele? Por que prolongar sua velhice, que é um fardo para si mesmo, bem como para outros?"

02. Mas diga-me, por favor, você considera mais justo que você deva obedecer à Natureza ou que a Natureza deva obedecer a você? E que diferença faz quanto tempo você se afasta de um local para onde deverá partir mais cedo ou mais tarde? Devemos nos esforçar não para viver muito, mas para viver plenamente; para alcançar uma vida longa, você só precisa do destino, mas para viver corretamente você precisa da alma. Uma vida é muito longa se for uma vida plena; mas a plenitude não é alcançada até que a alma tenha fornecido a si mesma o bem próprio, isto é, até assumir o controle sobre si mesma.

03. Qual o benefício que este homem mais velho obtém dos oitenta anos em que passou em ociosidade? Uma pessoa como ele não viveu; ele se atrasou na vida. Nem ele morreu tarde na vida; ele simplesmente morreu por muito tempo. "Ele viveu oitenta anos?" Isso depende da data a partir da qual você considera sua morte! Seu outro amigo, no entanto, partiu na floração de sua masculinidade.

04. Mas ele cumpriu todos os deveres de um bom cidadão, um bom amigo, um bom filho; em nenhum caso, ele deixou a desejar. Sua idade pode ter sido incompleta, mas sua vida foi completa. O outro homem viveu oitenta anos? Não, ele existiu oitenta anos, a não ser que, por acaso, você queira dizer com "ele viveu" o que queremos dizer quando dizemos que uma árvore "vive". Por favor, vamos nos certificar, meu querido Lucílio, de que nossa vida, como joia de grande preço, seja digna de nota, não por seu tamanho, mas por sua qualidade. Deixe-nos medi-la pelo desempenho dela, não pela duração dela. Você saberia onde está a diferença entre este homem robusto que, desprezando a Fortuna, serviu através de cada batalha da vida e alcançou o Bem Supremo e aquela outra pessoa sobre cuja cabeça passaram muitos anos? O primeiro existe mesmo depois da morte dele; o último estava morto antes mesmo de morrer.

05. Devemos, portanto, louvar e considerar em companhia do bem-aventurado aquele homem que investiu bem sua parcela do tempo, por menor que tenha sido atribuída a ele; pois essa pessoa viu a verdadeira luz. Ela não foi um entre a multidão comum. Ela não só viveu, mas também floresceu. Às vezes, ela desfrutava de céus limpos; às vezes, como muitas vezes acontece, era apenas através das nuvens que via o resplendor da poderosa estrela.[1] Por que, você pergunta: "Quanto tempo ele viveu?" Ele ainda vive! Em um passo ele atravessou para a posteridade e se entregou à guarda da memória.

06. E, no entanto, eu não negaria a mim alguns anos adicionais; embora, se o espaço da minha vida for encurtado, não direi que tenha faltado qualquer coisa que seja essencial para uma vida feliz. Pois não planejei viver até o último dia prometido pelas minhas esperanças gananciosas; não, eu olhei todos os dias como se fossem o meu último. Por que pedir a data do meu nascimento, ou se eu ainda estou inscrito na lista dos homens mais jovens?[2] O que eu tenho é meu.

07. Assim como alguém de pequena estatura pode ser um homem perfeito, da mesma forma uma vida curta pode ser uma vida perfeita. Idade se classifica entre as coisas externas. Quanto tempo eu vou existir não é minha decisão, mas quanto tempo eu vou continuar a existir no meu jeito atual está sob meu controle. Esta é a única coisa que você tem o direito de exigir de mim – que eu deixe de medir anos sem glória, como se estivessem na escuridão, e que me dedique a viver em vez de ser carregado ao longo da vida.

08. E qual, você pergunta, é o máximo da envergadura da vida? É viver até você possuir sabedoria. Aquele que alcançou a sabedoria alcançou, não o mais longínquo, mas o mais importante objetivo. Tal pessoa pode realmente exultar com ousadia e dar graças aos deuses – sim, e a si mesmo também – e ela pode considerar-se credora da natureza por ter vivido. Ela certamente terá o direito de fazê-lo, pois ela lhe retribuiu com uma vida melhor do que recebeu. Ela estabeleceu o padrão de um homem bom, mostrando a qualidade e a grandeza de um homem bom. Tivesse mais um ano adicionado, seria apenas como o passado.

09. E ainda quanto tempo devemos continuar vivendo? Tivemos a alegria de aprender a verdade sobre o universo. Sabemos de que origens a natureza surge; como ela regula o curso dos céus; por mudanças sucessivas que ela invoca o ano; como ela acabou com todas as coisas que já existiram e estabeleceu-se como o único fim de seu próprio ser. Sabemos que as estrelas se movem por sua própria direção e que nada, exceto a Terra, permanece imóvel, enquanto todos os outros corpos correm com rapidez ininterrupta.[3] Sabemos como a lua ultrapassa o sol; porque é que o mais lento deixa o mais rápido para trás; de que maneira ela recebe a luz, ou a perde de novo; o que traz a noite e o que traz de volta o dia. Para esse lugar você deve ir para que tenha uma visão mais próxima de todas essas coisas.

10. "E, no entanto," diz o sábio: "Eu não partirei mais valentemente por causa dessa esperança – porque julgo que está claro diante de mim o caminho para meus próprios deuses. Certamente, ganhei a admissão à presença deles e, de fato, já estive em suas companhias, eu enviei minha alma para eles como eles já tinham enviado a deles para mim. Mas suponha que eu seja totalmente aniquilado e que, após a morte, não subsista nada mortal, não tenho menos coragem, mesmo que quando eu parta, meu curso não leve a nenhum lugar." "Mas", você diz, "ele não viveu tantos anos quanto poderia ter vivido".

11. Existem livros que contêm poucas linhas admiráveis e úteis, apesar do tamanho deles; e também existem os Anais de Tanúsio[4] – você sabe o

volume do livro e o que os homens dizem dele. Este é o caso da longa vida de certas pessoas, um estado que se assemelha aos Anais de Tanúsio!

12. Você considera mais afortunado o gladiador que é morto no último minuto dos jogos do que aquele que morreu no meio das festividades? Você acredita que alguém é tão estupidamente apegado à vida que preferiria ter sua garganta cortada no espoliário[5] do que no anfiteatro? Não é mais um intervalo do que isso que precedemos um ao outro. A morte visita cada um e todos; o assassino logo segue o morto. É uma bagatela insignificante, afinal, que as pessoas discutem com tanta preocupação. E de qualquer forma, o que importa por quanto tempo você evita aquilo de que você não pode escapar?

Mantenha-se Forte. Mantenha-se Bem.

II.
SOBRE O VALOR DO CONSELHO

Saudações de Sêneca a Lucílio.

01. Esse departamento da filosofia que fornece preceitos adequados ao caso individual, em vez de enquadrá-los para a humanidade em geral[6] – o que, por exemplo, aconselha como um marido deve se conduzir em relação a sua esposa ou como um pai deve educar seus filhos, ou como um mestre deve governar seus escravos – este departamento da filosofia, digo, é aceito por alguns como a única parte significativa, enquanto os outros departamentos são rejeitados com o argumento de que eles se desviam para além da esfera de necessidades práticas – como se qualquer homem pudesse dar conselhos sobre uma parcela da vida sem ter adquirido primeiro um conhecimento da vida como um todo!

02. Mas Aríston,[7] o estoico, pelo contrário, acredita que o departamento acima mencionado é de pouca importância – ele afirma que não penetra na mente, não tendo nele mais que preceitos de velhos e que o maior benefício é derivado dos dogmas reais da filosofia e da definição do Bem Supremo. Quando um homem ganha uma compreensão completa dessa definição e aprende tais princípios, diz ele, será capaz de deliberar por si próprio o que fazer em cada situação.

03. Assim como o aluno de lançamento de dardo continua visando um alvo fixo, treina a mão para dar direção ao míssil e quando, por instrução e prática, ganha a habilidade desejada, pode lançá-lo contra qualquer alvo que deseje, tendo aprendido a atingir não qualquer objeto aleatório, mas precisamente o objeto para o qual apontou; também aquele que se equipa para toda a vida não precisa ser aconselhado sobre cada item separado, porque agora está treinado para se opor a seu problema como um todo; pois não sabe apenas como ele deve viver com sua esposa ou seu filho, mas como ele deve viver corretamente. Nesse conhecimento, também está incluída a forma adequada de viver com esposa e filhos.

04. Cleantes sustenta que este departamento da sabedoria é realmente útil, mas que é uma coisa fraca, a menos que seja derivada de princípios gerais, isto é, a menos que seja baseado em um conhecimento dos dogmas reais da filosofia e suas principais rubricas. Este assunto é, portanto, duplo, levando a duas linhas de investigação separadas: primeiro, é útil ou inútil? E, segundo, pode produzir um bom homem? Em outras palavras, é supérfluo ou torna todos os outros departamentos supérfluos?

05. Aqueles que exigem a visão de que este departamento é supérfluo argumentam da seguinte forma: "Se um objeto que é mantido na frente dos olhos interfere com a visão, ele deve ser removido. Porque enquanto estiver no caminho, é uma perda de tempo oferecer tais preceitos como estes: caminhe assim e assim, estenda a mão naquela direção". Da mesma forma, quando algo cega a alma de um homem e impede-a de ver a linha do dever claramente, não adianta aconselhá-lo: "Viva assim e assim com seu pai, assim e assim com sua esposa". Porque os preceitos não servirão de nada, enquanto a mente está nublada de erro, somente quando a nuvem estiver dispersa ficará claro qual é o dever de cada um. Caso contrário, você apenas mostrará ao homem doente o que ele deveria fazer se estivesse bom, em vez de fazê-lo bom.

06. Suponha que você esteja tentando revelar ao homem pobre a arte de "agir como rico"; como se pode realizar isso enquanto sua pobreza não for alterada? Você está tentando deixar claro para um faminto de que maneira ele deve atuar o papel de alguém com um estômago bem preenchido; o primeiro requisito, no entanto, é aliviá-lo da fome que agarra seus sinais vitais. "O mesmo, asseguro-lhe, é válido para as falhas, as próprias falhas devem ser removidas e não devem ser dados preceitos que não possam ser realizados enquanto as falhas permanecem. A menos que você expulse as falsas opiniões sob as quais sofremos, o avarento nunca receberá instrução sobre o uso adequado do seu dinheiro, nem o covarde quanto ao modo de desprezar o perigo."

07. Você deve fazer com que o avarento saiba que o dinheiro não é nem um bem nem um mal, mostre-lhe homens de riqueza que são miseráveis até o último grau. Você deve informar ao covarde que as coisas que geralmente nos assustam são menos temerosas que o boato anuncia, se o objeto do medo é o sofrimento ou a morte, que quando a morte vem – fixada por lei para todos nós – muitas vezes é um grande consolo refletir que nunca pode voltar, que em meio ao sofrimento, a determinação da alma será tão boa como uma cura, pois a alma torna mais leve qualquer fardo que resista com uma determinação corajosa. E lembre-se de que a dor tem essa qualidade excelente: se for prolongada, ela não pode ser grave e, se grave, não pode ser prolongada; e que devemos aceitar corajosamente o que quer que as leis inevitáveis do universo lancem sobre nós.

08. Quando, por meio de tais doutrinas, você trouxer o homem pecador para um senso de sua própria condição, quando souber que a vida feliz não é aquilo que se ajusta ao prazer, mas o que está em conformidade com a Natureza, quando ele cair profundamente apaixonado pela virtude como o único bem do homem e evitar a infâmia como o único mal do homem, e quando ele souber que todas as outras coisas – riqueza, cargos, saúde, força, domínio – ocupam posição intermediária, indiferente e não devem ser contadas nem entre os bens nem entre os males, então ele não precisará de um bedel para cada ação separada, para dizer-lhe: "Caminhe assim e assim, coma assim e assim. Esta é a conduta própria de um homem e a de uma mulher, isto para um homem casado e isto para um solteiro."

09. De fato, as pessoas que se esforçam para oferecer esses conselhos não são capazes de pô-los em prática. É assim que o pedagogo aconselha o menino e que a avó aconselha seu neto, é o professor mais irritadiço da escola que afirma que nunca se deve perder o temperamento. Vá para uma escola primária e você aprenderá que apenas esses pronunciamentos que emanam de filósofos altamente qualificados, podem ser encontrados no livro de aula para meninos!

10. Outro ponto: vocês oferecerão preceitos que são claros ou preceitos que são duvidosos? Aqueles que são claros não precisam de conselheiro e preceitos duvidosos não ganham credibilidade, de modo que a prestação de preceitos é supérflua. Na verdade, você deveria estudar o problema dessa maneira: se você está aconselhando alguém em uma questão obscura e de sentido duvidoso, você deve completar seus preceitos por meio de provas e se deve recorrer a provas, seus meios de prova são mais eficazes e mais satisfatórios em si mesmos.

11. É assim que você deve tratar seu amigo, seu cidadão, seu associado. E por quê? "Porque é justo." No entanto, posso encontrar todo esse material incluído sob o título de Justiça. Acho que o jogo limpo é desejável em si mesmo, não devemos ser forçados a isso pelo medo nem contratados para esse fim via pagamento, e que nenhum homem é justo senão quem é atraído por qualquer coisa além da própria virtude do ato. Depois de convencer-me dessa visão e absorvê-la completamente, o que posso obter de tais preceitos, que só ensinam quem já está treinado? Para quem sabe é supérfluo dar preceitos, para quem não sabe, é insuficiente. Pois deve ser informado, não só o que está sendo instruído a fazer, mas também o porquê.

12. Repito, tais preceitos são úteis para aquele que tem ideias corretas sobre o bem e o mal, ou para quem não tem? O último não receberá nenhum benefício de você; uma ideia que entra em conflito com seu conselho já monopolizou sua atenção. Aquele que tomou uma decisão cuidadosa sobre o que deve ser procurado e o que deve ser evitado sabe o que deve fazer, sem uma única palavra sua. Portanto, todo esse departamento de filosofia pode ser abolido.

13. Há duas razões pelas quais nos extraviamos: ou há na alma uma qualidade má que foi provocada por opiniões erradas ou, mesmo que não possuídas por ideias falsas, a alma é propensa à falsidade e rapidamente corrompida por alguma aparência externa que a atrai na direção errada. Por esta razão, é nosso dever tratar com cuidado a mente doente e liberá-la de falhas ou tomar posse da mente quando ainda está desocupada e ainda inclinada ao que é mal. Ambos os resultados podem ser alcançados pelas principais doutrinas da filosofia, portanto a oferta de tais preceitos não serve de nada.

14. Além disso, se dermos preceitos a cada indivíduo, a tarefa é estupenda. Pois uma classe de preceito deve ser dada ao financista, outra ao fazendeiro, outra ao homem de negócios, outra a quem cultiva as boas graças da realeza, outra a quem procurará a amizade de seus iguais, outra a ele que irá julgar os de menor hierarquia.

15. No caso do casamento, você avisará a uma pessoa como ela deve se comportar com uma esposa que antes de seu casamento era uma donzela e outra como deveria se comportar com uma mulher que anteriormente tinha estado casada com outro; como o marido de uma mulher rica deve agir ou outro homem com uma esposa sem dote. Ou você não pensa que há alguma diferença entre uma mulher estéril e uma que tem filhos, entre uma avançada em anos e uma mera garota, entre uma mãe e uma madrasta? Não podemos incluir todos os tipos e, no entanto, cada tipo requer tratamento separado; mas as leis da filosofia são concisas e são válidas em todos os casos.

16. Além disso, os preceitos da sabedoria devem ser definidos e certos: quando as coisas não podem ser definidas, estão fora da esfera da sabedoria; pois a sabedoria conhece os limites adequados das coisas. Devemos, portanto, acabar com este departamento de preceitos, porque não pode cumprir tudo aquilo que promete apenas a alguns, mas a sabedoria abraça tudo.

17. Entre a insanidade das pessoas em geral e a insanidade que está sujeita a tratamento médico, não há diferença, exceto que esta sofre de doença e a primeira de opiniões falsas. Em um caso, os sintomas da loucura podem ser atribuídos a doenças; no outro, à má saúde da mente. Se alguém oferecer preceitos a um louco – como ele deveria falar, como ele deveria andar, como ele deveria se comportar em público e privado, este seria mais lunático do que a pessoa a quem ele está aconselhando. O que é realmente necessário é tratar a bílis negra[8] e remover a causa essencial da loucura. E isso é o que também deve ser feito no outro caso: o da mente doente. A própria loucura deve ser abalada; caso contrário, suas palavras de conselho desaparecerão no ar.

18. Isto é o que Aríston diz; e eu responderei seus argumentos um a um. Primeiro, em oposição ao que ele diz sobre a obrigação de alguém de remover o que bloqueia o olho e dificulta a visão. Eu admito que essa pessoa não precisa de preceitos para ver, mas que precisa de tratamento para curar sua visão e livrar-se do obstáculo que a prejudica. Pois é a natureza que nos dá a nossa visão e aquele que remove os obstáculos restaura a natureza para sua própria função. Mas a natureza não nos ensina nosso dever em todos os casos.

19. Mais uma vez, se a catarata de um homem é curada, ele não pode, imediatamente após sua recuperação, devolver a visão a outros homens também; mas quando somos libertos do mal, podemos também libertar os outros. Não há necessidade de incentivo ou mesmo de conselho para que o olho possa distinguir cores diferentes; preto e branco podem ser diferenciados sem instigação de outro. A mente, por outro lado, precisa de muitos preceitos para ver o que deve fazer na vida; no tratamento dos olhos o médico não só realiza a cura, mas também dá conselhos na barganha.

20. Ele diz: "Não há nenhuma razão pela qual você deva imediatamente expor sua visão fraca para um brilho perigoso, comece com a escuridão e então entre em meia-luz e, finalmente, seja mais ousado, acostumando-se gradualmente à luz brilhante do dia. Não há razão para que você deva estudar imediatamente depois de comer, não há razão para que você imponha tarefas difíceis aos seus olhos quando estão inchados e inflamados, evite os ventos e as fortes rajadas de ar frio que sopram no seu rosto" – e outras sugestões do mesmo tipo, que são tão valiosas quanto as próprias drogas. A arte do médico complementa remédios por conselho.

21. "Mas," vem a resposta, "o erro é a fonte do pecado, os preceitos não eliminam o erro, nem expulsam nossas falsas opiniões sobre o bem e o mal." Eu admito que os preceitos por si só não são eficazes para derrubar as crenças equivocadas da mente; mas eles, naquela conta, não falham quando acompanhados de outras medidas também. Em primeiro lugar, eles atualizam a memória; em segundo lugar, quando classificados em suas próprias categorias, os assuntos que se mostraram uma massa confusa quando considerados como um todo, podem ser considerados dessa forma com maior cuidado. De acordo com a teoria dos nossos adversários, você pode até dizer que o consolo e a exortação são supérfluos. No entanto, eles não são supérfluos; nem também o é o conselho.

22. "Mas é loucura", replicam, "prescrever o que um homem doente deveria fazer, como se estivesse bom, quando você realmente deveria restaurar sua saúde, porque sem saúde preceitos não valem a pena." Mas não tem homens doentes e homens sadios em comum, no sentido em que eles precisam de conselhos contínuos? Por exemplo, para não atacar

avidamente os alimentos e para evitar ficar exausto. Pobre e rico têm em comum certos preceitos válidos a ambos.

23. "Cure a ganância deles, então", as pessoas dizem, "e você não precisará palestrar tanto para os pobres como para os ricos, desde que, no caso de cada um deles, o desejo tenha diminuído." Mas não é uma coisa ser livre do desejo por dinheiro e outra coisa saber como usar esse dinheiro? Os sovinas não conhecem os limites adequados em matéria de dinheiro, mas mesmo aqueles que não são avarentos não conseguem compreender o seu uso. Então vem a resposta: "Evite o erro e seus preceitos se tornam desnecessários". Isso está errado; pois suponha que a avareza é diminuída, que o luxo é confinado, que a imprudência é retida e que a preguiça é estimulada pela espora; mesmo depois que os vícios são removidos, devemos continuar a aprender o que devemos fazer e como devemos fazê-lo.

24. "Nada", diz-se, "será realizado aplicando conselhos sobre faltas mais graves." Não; e nem mesmo medicamentos podem dominar doenças incuráveis; no entanto, são usados em alguns casos como remédio, em outros como alívio. Nem mesmo o poder da filosofia universal, embora convoque toda a sua força para o propósito, removerá da alma o que é agora uma doença teimosa e crônica. Mas a sabedoria, apenas porque ela não tem poder para curar tudo, não é incapaz de fazer curas.

25. As pessoas dizem: "Qual a vantagem de apontar o óbvio?" Muito bom; pois às vezes conhecemos fatos sem prestar atenção neles. O conselho não é para ensinar; ele simplesmente aguça a atenção e nos desperta. Concentra a memória e a impede de perder o controle. Deixamos passar muito do que está diante dos nossos próprios olhos. O conselho é, de fato, uma espécie de exortação. A mente geralmente tenta ignorar mesmo aquilo que está diante de nossos olhos; devemos, portanto, impor a ela o conhecimento de coisas perfeitamente conhecidas. Pode-se repetir aqui o ditado de Calvo[9] sobre Vatínio:[10] "Vocês sabem que o suborno está acontecendo e todos sabem que vocês sabem disso".

26. Você sabe que a amizade deve ser escrupulosamente honrada e, no entanto, você não a mantém honrada. Você sabe que um homem faz errado ao exigir a castidade de sua esposa, enquanto ele mesmo está com esposas de outros homens; você sabe que, assim como sua esposa não deve ter relações com um amante, você também não deve se relacionar com uma amante; e ainda assim você não age de acordo. Portanto, você deve ser continuamente trazido a se lembrar desses fatos; pois eles não devem estar no armazém, mas estar prontos para o uso. E o que quer que seja saudável deve ser frequentemente discutido e muitas vezes trazido à frente da mente, para que possa não apenas nos ser familiar, mas também pronto para o uso. E lembre-se também de que, desta forma, as verdades evidentes se tornam ainda mais evidentes.

27. "Mas se", vem a resposta, "seus preceitos não são óbvios, você será obrigado a adicionar provas, daí as provas e não os preceitos serão úteis". Mas a influência do bedel não pode ser útil, mesmo sem provas? É como as opiniões de um especialista jurídico, que são válidas mesmo que os motivos para elas não sejam entregues. Além disso, os preceitos que são dados são de grande peso em si mesmos, sejam eles narrados no tecido da canção ou condensados em provérbios de prosa, como a famosa sabedoria de Catão: "Não compre o que você deseja, mas o que você deve ter. O que você não precisa, é caro mesmo por um ceitil".[11] Ou aquelas respostas oraculares, como:

28. "Seja econômico com o tempo!". "Conheça a si mesmo!". Porventura precisa ser informado do significado quando alguém lhe repete linhas como estas:

> **Esquecer os problemas é a maneira de curá-los.**
> **A Fortuna favorece os corajosos, mas o covarde fica pelo caminho.**
>
> **Iniuriarum remedium est oblivio.**
> **Audentes fortuna iuvat, piger ipse sibi obstat.**[12]

Essas máximas não precisam de nenhum argumento especial; elas vão direto às nossas emoções e nos ajudam simplesmente porque a Natureza está exercendo sua função adequada.

29. A alma carrega dentro de si a semente de tudo o que é honrado, e esta semente é estimulada ao crescimento por conselho, como uma faísca, que ventilada por uma suave brisa, desenvolve seu fogo natural. A virtude é despertada por um toque, um choque. Além disso, há certas coisas que, embora na mente, ainda não estão prontas para serem aplicadas,

mas que começam a funcionar facilmente assim que são colocadas em palavras. Certas coisas se espalham em vários lugares e é impossível que a mente não organizada organize-as em ordem. Portanto, devemos levá-las à unidade e juntar-nos a elas, para que elas possam ser mais poderosas e mais uma elevação para a alma.

30. Ou, se os preceitos não servem de nada, então todos os métodos de instrução devem ser abolidos e devemos nos contentar apenas com a Natureza. Aqueles que mantêm esta visão não entendem que um homem é animado e rápido de inteligência, outro é lento e estúpido, e certamente alguns homens têm mais inteligência do que outros. A força do espírito é nutrida e continua crescendo por preceitos; ele acrescenta novos pontos de vista para aqueles que são inatos e corrige ideias depravadas.

31. "Mas suponha", as pessoas replicam, "que um homem não seja possuidor de dogmas sólidos. Como o conselho pode ajudá-lo quando é acorrentado por dogmas viciosos?". Nesse caso, com certeza, ele é libertado disso; pois sua disposição natural não foi esmagada, mas superada e mantida baixa. Mesmo assim, continua tentando se levantar de novo, lutando contra as influências que fazem o mal; mas quando ganha apoio e recebe ajuda de preceitos, cresce mais forte, desde que o problema crônico não tenha corrompido ou aniquilado o homem natural. Nesse caso, nem mesmo o treinamento que vem da filosofia, lutando com todas as suas forças, fará a restauração. Que diferença, de fato, há entre os dogmas da filosofia e os preceitos, a menos que seja isso, que os primeiros são gerais e os últimos especiais? Ambos lidam com conselhos, um através do universal, o outro através do particular.

32. Alguns dizem: "Se alguém está familiarizado com dogmas justos e honestos, será supérfluo aconselhá-lo". De jeito nenhum; pois essa pessoa realmente aprendeu a fazer coisas que deveria fazer; mas não vê com suficiente clareza quais são essas coisas. Pois somos impedidos de realizar ações dignas de louvor, não só por nossas emoções, mas também por falta de prática para descobrir as demandas de uma situação particular. Nossa mente muitas vezes está sob um bom controle e, no entanto, está ao mesmo tempo inativa e inexperiente em encontrar o caminho do dever, e o conselho torna isso claro.

33. Mais uma vez, está escrito: "Retire todas as falsas opiniões relativas ao bem e ao mal, mas substitua-as por opiniões verdadeiras, então o conselho não terá função a executar". A ordem da alma pode, sem dúvida, ser estabelecida dessa maneira; mas estas não são as únicas maneiras. Pois, embora possamos deduzir por provas apenas o que é o bem e o mal, no entanto, os preceitos têm seu próprio papel. A prudência e a justiça consistem em certos deveres; e os deveres são definidos por preceitos.

34. Além disso, o julgamento quanto ao bem e ao mal se fortalece ao seguirmos nossos deveres e os preceitos nos conduzem para esse fim. Pois ambos estão de acordo um com o outro; nem os preceitos podem assumir a liderança, a menos que os deveres os sigam. Observam sua ordem natural; portanto, os preceitos são claramente os primeiros.

35. "Preceitos", diz-se "são inúmeros". Errado de novo! Pois não são inúmeros no que diz respeito a coisas importantes e essenciais. Claro que há pequenas distinções, devido ao tempo ou ao lugar ou à pessoa, mas, mesmo nesses casos, existem preceitos que possuem uma aplicação geral.

36. "Ninguém, no entanto", diz, "cura a loucura por preceitos e, portanto, também não cura a maldade". Há uma distinção; pois se você livrar um homem de insanidade, ele se torna são novamente, mas se removemos falsas opiniões, a visão de uma conduta prática não segue imediatamente. Mesmo assim, o conselho irá, no entanto, confirmar a opinião certa sobre o bem e o mal. E também é errado acreditar que os preceitos não são úteis aos loucos. Apesar de por si só serem inúteis, os preceitos são uma ajuda para a cura. Tanto repreensão como castigo dominam um lunático. Note-se que aqui me referi a lunáticos cujo juízo é perturbado, mas não desesperadamente perdido.

37. "Ainda assim", é objetado, "as leis nem sempre nos fazem fazer o que devemos fazer e o que mais são leis senão preceitos misturados com ameaças?". Agora, antes de tudo, as leis não persuadem exatamente porque ameaçam; preceitos, no entanto, em vez de coação, corrigem os homens com súplicas. Novamente, as leis amedrontam o homem a não cometer crime, enquanto os preceitos incitam o homem ao seu dever. Além disso, podemos dizer mesmo que as leis favorecem os bons costumes, desde que pretendam não só impor, como também instruir.

38. Neste ponto, eu não concordo com Posidônio, que diz: "Não creio que as Leis de Platão deveriam ter os preâmbulos que lhes foram adicionados. Pois uma lei deve ser breve, para que os não iniciados possam compreendê-la com mais facilidade. Deve ser uma voz, por assim dizer, enviada do céu, deve mandar, não debater. Nada me parece mais estúpido ou mais tolo do que uma lei com preâmbulo. Advirta-me, diga-me o que você deseja que eu faça; não estou aprendendo, mas obedecendo". Mas leis moldadas desta maneira são úteis; por isso você notará que um estado com leis defeituosas terá defeitos morais.

39. "Mas", diz-se, "não são úteis em todos os casos." Bem, nem é a filosofia; e, no entanto, a filosofia não é tão ineficaz e inútil no treinamento da alma. Além disso, a filosofia não é a Lei da Vida? Admitamos, se quisermos, que as leis não servem; não é necessariamente verdade que o aconselhamento também não deva servir. Por este motivo, você deve dizer que a consolação não serve e nem a advertência, exortação, repreensão e elogio, uma vez que são todos variações de conselhos. É através de tais métodos que chegamos a uma condição perfeita da mente.

40. Nada é mais bem-sucedido em trazer influências honrosas para suportar a mente ou em endireitar o espírito vacilante que é propenso ao mal, do que a associação com homens bons. Pois a visão frequente, a audição frequente deles pouco a pouco penetra no coração e adquire a força dos preceitos. Somos realmente elevados apenas por conhecer homens sábios; e alguém pode ser ajudado por um grande homem, mesmo quando ele está em silêncio.

41. Eu não poderia facilmente dizer-lhe como isso nos ajuda, embora eu esteja certo do fato de ter recebido ajuda dessa maneira. Fédon[13] diz: "Certos animais pequenos não deixam dor quando nos picam, tão sutil é seu poder, tão enganoso no propósito de danos. A picada é revelada por um inchaço e, mesmo no inchaço, não há ferida visível". Essa também será sua experiência ao lidar com homens sábios, você não descobrirá como ou quando o benefício vem para você, mas descobrirá que o recebeu.

42. "Qual é o ponto desta observação?", você pergunta. É, que bons preceitos beneficiarão você tanto quanto bons exemplos. Pitágoras declara que nossas almas experimentam uma mudança quando entramos em um templo e contemplamos as imagens dos deuses face a face e aguardamos as declarações de um oráculo.

43. Além disso, quem pode negar que mesmo os mais inexperientes são efetivamente atingidos pela força de certos preceitos? Por exemplo, por tais provérbios breves, mas importantes como: "Nada em excesso",[14] "A mente gananciosa não é satisfeita por nenhum ganho", "Você deve esperar ser tratado pelos outros como você mesmo os tratou".[15] Recebemos um tipo de choque quando ouvimos tais palavras; ninguém pensa em duvidar delas ou em perguntar "Por quê?" Tão fortemente, deveras, a mera verdade, não acompanhada por explicações, nos atrai.

44. Se a reverência reina na alma e reprime o vício, por que o conselho não pode fazer o mesmo? Além disso, se a repreensão dá uma sensação de vergonha, por que o conselho não tem o mesmo poder, mesmo se usa preceitos nus? O conselho que ajuda a sugestão por razão – que acrescenta o motivo de fazer uma coisa determinada e a recompensa que aguarda aquele que realiza e obedece a tais preceitos – é mais efetivo e se instala mais profundamente no coração. Se os comandos são úteis, também é o conselho. Mas se alguém é ajudado por comandos; portanto, também é ajudado por conselhos.

45. A virtude é dividida em duas partes – na contemplação da verdade e na conduta. O treinamento ensina a contemplação e a admoestação ensina a conduta. E a conduta correta pratica e revela a virtude. Mas se, quando um homem está prestes a agir, ele é ajudado por conselhos, ele também é ajudado pela admoestação. Portanto, se a conduta correta é necessária para a virtude, e se, além disso, a admoestação deixa clara a conduta correta, então a admoestação também é uma coisa indispensável.

46. Há dois fortes apoios para a alma: confiar na verdade e ter convicção em nós mesmos; ambos são o resultado da admoestação. Pois os homens acreditam neles, e quando a crença é estabelecida, a alma recebe grande inspiração e fica cheia de confiança. Portanto, a admoestação não é supérflua. Marco Agripa, um homem de grande alma, a única pessoa entre aquelas que as guerras civis levaram à fama e ao poder e cuja prosperidade ajudou o Estado, costumava dizer que estava muito endividado com o provérbio: "Harmonia faz crescer as pequenas coisas, a falta de harmonia faz com que as coisas grandes apodreçam".[16]

47. Ele considerava que havia se tornado o melhor dos irmãos e o melhor dos amigos em virtude desse ditado. E se os provérbios de tal tipo, quando aceitos intimamente pela alma, podem moldar essa mesma alma, por que a seção da filosofia que consiste em tais provérbios não pode gozar de influência igual? A virtude depende em parte do treinamento e, em parte, da prática; você deve aprender primeiro e, em seguida, fortalecer sua aprendizagem por ação. Se isso é verdade, não só as doutrinas da sabedoria nos ajudam, mas também os preceitos, que controlam e banem nossas emoções por meio de uma espécie de decreto oficial.

48. Aríston diz: "A filosofia é dividida em conhecimento e estado de espírito. Pois quem aprendeu e entendeu o que deve fazer e evitar, não é um homem sábio até que sua mente seja metamorfoseada na forma daquilo que ele aprendeu. Este terceiro departamento – o de preceito – é composto de ambos os outros, de dogmas de filosofia e estado de espírito. Portanto, é supérfluo no que diz respeito ao aperfeiçoamento da virtude, as outras duas partes são suficientes para esse propósito".

49. Sobre essa base, portanto, mesmo a consolação seria supérflua, uma vez que isso também é uma combinação dos outros dois, assim como a exortação, a persuasão e até mesmo a própria prova. Pois a prova também se origina de uma atitude mental bem ordenada e firme. Mas, embora essas coisas resultem de um estado de mente sã, o estado sadio da mente também resulta delas; é, ao mesmo tempo, tanto o criador delas como resultante delas.

50. Além disso, o que você menciona é a meta de um homem já perfeito, de alguém que atingiu o auge da felicidade humana. Mas a obtenção dessas qualidades é lenta e, entretanto, por questões práticas, o caminho deve ser mostrado em benefício de alguém que ainda esteja longe da perfeição, mas que esteja fazendo progresso. A sabedoria por sua própria força talvez descubra este caminho sem a ajuda da admoestação; pois ela trouxe a alma a um estágio onde esta pode ser impulsionada apenas na direção certa. Os personagens mais fracos, no entanto, precisam de alguém para precedê-los, para dizer: "Evite isto" ou "Faça isto".

51. Além disso, se alguém aguarda o momento em que poderá saber sozinho qual é a melhor linha de ação, algumas às vezes se desviará e, desviando-se, será impedido de chegar ao ponto em que é possível contentar-se consigo próprio. A alma deve, portanto, ser guiada no momento em que está se tornando capaz de se guiar. Os meninos estudam de acordo com a direção. Seus dedos são segurados e guiados por outros para que possam seguir os contornos das letras. Em seguida, eles são obrigados a imitar uma cópia e a alicerçar nela um estilo de caligrafia. Da mesma forma, a mente é ajudada se for ensinada de acordo com a direção.

52. Tais fatos provam que este departamento da filosofia não é supérfluo. A questão em seguida surge se esta parte sozinha é suficiente para tornar os homens sábios. O problema deve ser tratado no devido momento;[17] mas no momento, omitindo todos os argumentos, não é claro que precisamos de alguém a quem possamos invocar como nosso mentor em oposição aos preceitos dos homens em geral?

53. Não há nenhuma palavra que atinja nossos ouvidos sem nos fazer mal; somos feridos tanto por bons desejos quanto por maldições. As orações irritadas de nossos inimigos inculcam medos falsos em nós e o carinho de nossos amigos nos prejudica por seus desejos gentis. Pois esse carinho nos coloca a tatear por bens que estão distantes, inseguros e vacilantes, quando realmente podemos abrir o depósito de felicidades de casa.

54. Não nos permitimos, eu mantenho, viajar por uma estrada direta. Nossos pais e nossos escravos nos atraem para o errado. Ninguém confina seus erros para si mesmo; as pessoas pulverizam insensatez entre os seus vizinhos e recebem-na, por sua vez. Por esta razão, em um indivíduo, você encontra os vícios das nações, porque a nação os deu ao indivíduo. Cada um, ao corromper os outros, corrompe-se; o indivíduo embebe e, em seguida, transmite a maldade, o resultado é uma grande massa de maldade, porque o pior em cada pessoa separada é concentrado em uma massa.

55. Devemos, portanto, ter um guardião, por assim dizer, para nos puxar continuamente pelo ouvido e dissipar rumores e protestar contra entusiasmos populares. Pois você está enganado se supõe que nossas falhas são inatas em nós; elas vieram de fora, foram empilhadas sobre nós. Por isso, ao receber admoestações frequentes, podemos rejeitar as opiniões que retinam sobre nossos ouvidos.

56. A natureza não nos predestinou para nenhum vício; ela nos produziu em saúde e liberdade. Ela não colocou diante de nossos olhos nenhum objeto que pudesse atiçar em nós a coceira da ganância. Ela colocou ouro e prata debaixo de nossos pés e ordenou que os pés pisoteassem e esmagassem tudo o que nos pisa e esmaga. A natureza elevou nosso olhar para o céu e desejou que quiséssemos olhar para cima para contemplar suas obras gloriosas e maravilhosas. Ela nos deu o nascer e o pôr do sol, o curso giratório do mundo apressado que revela as coisas da Terra de dia e os corpos celestes de noite, os movimentos das estrelas, que são lentos se você os compara com o universo, mas mais rápido se você refletir sobre o tamanho das órbitas que descrevem com velocidade; ela nos mostrou os sucessivos eclipses do sol e da lua e outros fenômenos maravilhosos porque ocorrem regularmente ou porque, por causas súbitas, eles ajudam a ver – como trilhas noturnas de fogo, ou relâmpagos no céu aberto não acompanhados pelo som de trovões, ou colunas e vigas e os vários fenômenos de luzes.

57. Ela ordenou que todos esses corpos deveriam prosseguir acima de nossas cabeças; mas ouro e prata, com o ferro que, devido ao ouro e à prata, nunca traz a paz, ela escondeu, como se fossem coisas perigosas para confiar à nossa guarda. Somos nós mesmos que os arrastamos para a luz do dia, para que possamos lutar por eles; somos nós mesmos que, cavoucando a terra inferior, extraímos as causas e ferramentas de nossa própria destruição; somos nós mesmos que atribuímos nossas próprias faltas à Fortuna e não coramos ao considerar como os mais elevados objetos, aqueles que uma vez se encontravam nas profundezas da Terra.

58. Você deseja saber quão falso é o brilho que engana seus olhos? Na verdade, não há nada mais imundo ou mais envolvido na escuridão do que essas coisas da terra, afundadas e cobertas há tanto tempo na lama onde elas pertencem. É claro que elas são sujas; elas foram transportadas por um longo e sombrio poço de mina. Não há nada mais feio que esses metais durante o processo de refinamento e separação do minério. Além disso, assista os próprios operários que devem lidar e peneirar a árida categoria de sujeira, o tipo que vem do fundo; veja como besuntados de fuligem eles são!

59. E, no entanto, as coisas com que eles lidam poluem a alma mais do que o corpo, e há mais impureza no dono da mina do que no trabalhador. Portanto, é indispensável que sejamos admoestados, que tenhamos

algum defensor com mente reta e, em meio a todos os tumultos e sons discordantes da falsidade, ouçamos apenas uma voz. Mas qual voz será essa? Certamente, uma voz que, em meio a todo o tumulto da busca de si mesmo, sussurra palavras saudáveis na orelha ensurdecida, dizendo:

60. Você não precisa ter inveja daqueles a quem as pessoas chamam de grandioso e afortunado, os aplausos não precisam perturbar sua atitude serena e sua sanidade mental, você não precisa se sentir enojado com seu espírito calmo porque você vê um grande homem vestido de púrpura, protegido pelos conhecidos símbolos de autoridade, você não precisa julgar o magistrado para quem o caminho é aberto como sendo mais feliz do que você, a quem o funcionário dele empurra da estrada. Se você exerce uma atividade lucrativa para si mesmo e não prejudicial a ninguém, limpe suas próprias falhas do caminho.

61. Há muitos que atearam fogo às cidades; que atacaram guarnições, que permaneceram inexpugnáveis por gerações e seguras por várias eras; que criam montes tão altos como as paredes que estão sitiando; que, com aríetes e catapultas, destroem torres que foram criadas em uma altura maravilhosa. Há muitos que podem enviar suas colunas à frente e pressionar destrutivamente sobre a parte de trás do inimigo, que podem alcançar o Grande Mar gotejando com o sangue das nações. Mas mesmo esses homens, antes que pudessem conquistar seu inimigo, foram conquistados por sua própria ganância. Ninguém suportou seu ataque; mas eles mesmos não podiam suportar o desejo de poder e o impulso à crueldade; no momento em que pareciam estar perseguindo outros, eles próprios estavam sendo perseguidos.

62. Alexandre foi perseguido ao infortúnio e despachado para países desconhecidos por um desejo louco de destruir o território de outros homens. Você acredita que o homem estava em seus sentidos tanto que começou pela Grécia a devastação, a terra onde ele recebeu sua educação? Aquele que arrancou o mais caro tesouro de cada nação, exigindo que os espartanos fossem escravos e que os atenienses ficassem quietos? Não contente com a ruína de todos os estados que Filipe[18] havia conquistado ou subornado a escravidão, derrubou várias comunas em diversos lugares e carregou suas armas em todo o mundo; sua crueldade estava cansada, mas nunca cessou – como uma besta selvagem que rasga em pedaços mais do que sua fome demanda.

63. Ele uniu muitos reinos em um único reino; gregos e persas temem o mesmo senhor; as nações que Dario tinha deixado livre se submeteram ao jugo: ainda assim ele passa além do oceano e do sol, julgando vergonhoso que ele desvie seu curso de vitória dos caminhos que Hércules e Baco haviam pisado; ele ameaça a própria violência da natureza. Ele não deseja ir; mas ele não pode ficar; ele é como um peso que cai de cabeça, seu percurso acaba apenas quando chega ao chão.

64. Não foi virtude ou razão que persuadiu Cneu Pompeu a participar de guerras estrangeiras e civis; era o desejo louco de sua glória irreal. Ora ele atacava a Hispânia e a facção de Sertório; depois se retirava para acorrentar os piratas e subjugar os mares. Estas eram apenas desculpas e pretextos para ampliar seu poder.

65. O que o atraiu para a África, para o Norte, contra Mitrídates, para a Armênia e todos os cantos da Ásia? Certamente era o desejo ilimitado de poder; pois apenas a seus próprios olhos ainda não era suficientemente grande. E o que levou Júlio César à destruição combinada de si mesmo e do Estado? Fama, egoísmo e a ausência de um limite para a primazia sobre todos os outros homens. Ele não podia permitir que uma única pessoa o ultrapassasse, embora o estado permitisse que dois homens ficassem à cabeça.

66. Você acha que Caio Mário, que já foi cônsul (ele recebeu este cargo em uma ocasião e o roubou em todas as outras) cortejou todos os seus perigos por inspiração da virtude quando matava os Teutos e os Cimbros e perseguia Jugurta através das regiões selvagens da África? Mário comandou exércitos, mas quem comandava Mário era a ambição.

67. Quando homens como esses estavam perturbando o mundo, eram eles mesmos perturbados – como os ciclones que turbilhonam o que tomaram, mas que primeiro se turbilhonam a si mesmos e podem por isso se atirar com toda a força, totalmente sem controle; portanto, depois de causar tal destruição para os outros, eles sentem em seu próprio corpo a força ruinosa que lhes permitiu causar estragos para muitos. Não pense que alguém pode ser feliz à custa da infelicidade dos outros.

68. Devemos desvendar todos os casos que são forçados diante de nossos olhos e amontoados em nossos ouvidos; devemos limpar nossos corações, pois eles estão cheios de conversa maligna. A virtude deve ser conduzida no lugar que estas ocuparam – uma espécie de virtude que pode erradicar a falsidade e as doutrinas que transgridam a verdade, ou pode nos separar da multidão na qual confiamos demais e pode nos restaurar para a fruição de opiniões sólidas. Pois esta é a sabedoria – um retorno à Natureza e uma restauração à condição à qual os erros do homem nos conduziram.

69. É uma grande parte da saúde ter abandonado os conselheiros da loucura e ter fugido para longe de uma companhia que é mutuamente prejudicial. Para que você possa conhecer a verdade da minha observação, veja como é diferente a vida de cada indivíduo perante o público daquela de seu eu interior. Uma vida tranquila não dá, por si só, lições de conduta correta; o campo não ensina uma vida simples; não, mas quando testemunhas e espectadores são removidos, as falhas que amadurecem em público calam fundo.

70. Quem veste o manto púrpura para não exibi-lo aos olhos de ninguém? Quem usa peitoral de ouro quando janta sozinho? Quem, enquanto se deita sob a sombra de uma árvore do campo, mostra na solidão o esplendor de seu luxo? Ninguém se torna elegante apenas para sua própria visão ou mesmo para a admiração de alguns amigos ou parentes. Em vez disso, ele espalha seus vícios bem providos em proporção ao tamanho da multidão admiradora.

71. É assim: claquistas e testemunhas são agentes irritantes de todas as nossas fraquezas. Você pode nos fazer cessar de desejar, se apenas nos faz deixar de nos exibir. A ambição, o luxo e o capricho precisam de um palco para agir; você vai curar todos esses males se procurar o isolamento.

72. Portanto, se a nossa morada estiver situada no meio de uma cidade, deve haver um conselheiro que esteja perto de nós. Quando os homens louvam grandes rendas, ele deve louvar a pessoa que pode ser rica com um patrimônio pequeno e que meça sua riqueza pelo uso que faz dela. Em face daqueles que glorificam a influência e o poder, deve, por sua própria vontade, recomendar um tempo dedicado ao estudo e uma alma que abandonou o externo e se encontrou.

73. Ele deve apontar pessoas, felizes na estimativa popular, que cambaleiam em suas invejadas alturas de poder, mas que estão consternadas e mantêm uma opinião muito diferente de si do que os outros detêm. O que outros acreditam ser elevado é para eles um precipício completo. Por isso, eles estão assustados e agitados sempre que olham para baixo e veem o abrupto íngreme de sua grandeza. Pois eles refletem que existem várias maneiras de cair e que o ponto mais alto é o mais escorregadio.

74. Então eles temem aquilo para o que se esforçaram, e a boa Fortuna que os fez importantes aos olhos dos outros pesa mais sobre si mesmos. Então eles louvam o lazer banal e independência; eles odeiam o glamour e tentam escapar enquanto suas fortunas ainda não são prejudicadas. Então, finalmente, você pode vê-los estudando filosofia em meio ao seu medo e caçando conselhos de qualidade quando suas fortunas dão errado. Por estas duas coisas estão, por assim dizer, em polos opostos – boa Fortuna e bom senso; é por isso que somos mais sábios quando estamos em meio à adversidade. É a prosperidade que nos afasta do caminho íntegro.

Mantenha-se Forte. Mantenha-se Bem.

III.
SOBRE A UTILIDADE DOS PRINCÍPIOS BÁSICOS

Saudações de Sêneca a Lucílio.

01. Você continua pedindo-me para explicar sem adiamento um tópico que eu observei uma vez que deveria ser adiado até o momento apropriado e para informar-lhe, por carta, se este departamento de filosofia que os gregos chamam de "paraenético" (*paraenetice*)[19] e nós, romanos, chamamos de "preceptorial" (*praeceptiva*), é suficiente para nos dar uma sabedoria perfeita. Eu sei que você vai entender se eu me recusar a fazê-lo. Mas aceito o seu pedido de bom grado e me recuso a deixar o ditado comum perder o seu fundamento: "Não peça por aquilo que você desejaria não ter recebido."

02. Pois às vezes buscamos com esforço o que deveríamos recusar se fosse oferecido voluntariamente. Chame isso inconstância ou descaramento[20] – devemos punir o hábito com pronta observância. Há muitas coisas que nós gostaríamos que os homens pensassem que desejamos, mas que realmente não desejamos. Um palestrante às vezes traz ao palco um enorme trabalho de pesquisa escrito na letra mais minúscula e muito dobrado; depois de ler uma grande parte, ele diz: "Eu vou parar, se desejarem"; e surge um grito: "Leia mais, continue lendo!", dos lábios daqueles que estão ansiosos para que o palestrante libere o paço. Muitas vezes queremos uma coisa e oramos por outra, sem contar a verdade nem mesmo aos deuses. O bom é que os deuses ou não nos atendem ou têm pena de nós.

03. Mas, sem piedade, me vingarei e colocarei uma enorme carta sobre seus ombros; por sua parte, se você ler isso com relutância, pode dizer: "Eu trouxe esse fardo a mim mesmo" e pode classificar-se entre aqueles homens cujas esposas muito ambiciosas os deixam frenéticos, ou entre aqueles a que as riquezas, ganhas pelo suor extremo da testa, só trazem angústias, ou entre aqueles que são torturados pelos cargos públicos que procuraram por todo tipo de dispositivo e trabalho e entre todos os outros que são responsáveis por seus próprios infortúnios.

04. Mas devo parar este preâmbulo e abordar o problema em questão. Os homens dizem: "A vida feliz consiste na conduta correta, os preceitos guiam para a conduta correta, portanto os preceitos são suficientes para alcançar a vida feliz". Mas nem sempre nos orientam para a conduta correta; isso ocorre somente quando a vontade é receptiva; e às vezes são aplicados em vão, quando as opiniões erradas atormentam a alma.

05. Além disso, um homem pode agir corretamente sem saber que ele está agindo corretamente. Pois ninguém, exceto aquele treinado desde o início e equipado com uma razão completa, pode desenvolver proporções perfeitas, entender quando deve fazer certas coisas e até que ponto e em cuja companhia e como e por quê. Sem esse treinamento, um homem não pode esforçar-se com todo seu coração ao que é honrado, ou mesmo com firmeza ou alegria, mas sempre estará olhando para trás e hesitando.

06. Também é dito: "Se a conduta honrosa resulta dos preceitos, os preceitos são amplamente suficientes para a vida feliz; como a primeira dessas afirmações é verdadeira, portanto a segunda também é verdadeira". Devemos responder a estas palavras que a conduta honrosa é, com certeza, provocada por preceitos, mas não apenas por preceitos.

07. "Então", vem a resposta, "se as outras artes se contentam com os preceitos, a sabedoria também estará contente com eles, pois a própria sabedoria é uma arte de viver. E no entanto, o piloto é feito por preceitos que lhe dizem isso ou aquilo sobre como virar o leme, colocar suas velas, fazer uso de um vento justo, bordejar, fazer o melhor das brisas inconstantes e variáveis – tudo da maneira correta. Outros artesãos também são guiados por preceitos, portanto, os preceitos serão capazes de gerar o mesmo resultado no caso do nosso artesão na arte de viver".

08. Agora, todas essas artes estão preocupadas com as ferramentas da vida, mas não com a vida como um todo. Portanto, há muito para emaranhar essas artes e complicá-las – como a esperança, a ganância, o medo. Mas essa arte que professa ensinar a arte da vida não pode ser impedida por qualquer circunstância de exercer suas funções; pois sacode as complicações e atravessa os obstáculos. Gostaria de saber o quão diferente é sua posição em relação às outras artes? No caso destas últimas, é mais perdoável errar voluntariamente em vez de por acidente; mas no caso da sabedoria, a pior falha é cometer o pecado deliberadamente.

09. Quero dizer algo assim: um estudioso se ruborizará por vergonha, não se ele cometer um erro gramatical intencionalmente, mas se o fizer involuntariamente; se um médico não perceber que seu paciente está falecendo, é um praticante muito mais pobre do que se reconhecesse o fato e escondesse seu conhecimento. Mas, nesta arte de viver, um erro voluntário é mais vergonhoso. Além disso, muitas artes, sim e as mais liberais de todas, têm sua doutrina especial e não apenas preceitos de conselhos. Na profissão médica, por exemplo, existem as diferentes escolas: de Hipócrates, de Asclepíades,[21] de Temiso.

10. E, além disso, nenhuma arte que se preocupe com teorias pode existir sem suas próprias doutrinas; os gregos chamam de dogmas, enquanto nós, romanos, podemos usar o termo "doutrinas" ou "princípios", ou "princípios adotados",[22] como você encontrará em geometria ou astronomia. Mas a filosofia é tanto teórica como prática; contempla e ao mesmo tempo age. Você está realmente enganado se acha que a filosofia não oferece nada além de ajuda mundana; suas aspirações são mais altas do que isso. Ela chama: "Eu investigo todo o universo, não estou satisfeita me mantendo dentro de uma morada mortal para dar conselhos favoráveis ou desfavoráveis. Os grandes assuntos convidam e estão bem acima de você. Nas palavras de Lucrécio:[23]

11. Para ti, eu revelarei os caminhos do céu

E os deuses, espalhando-se diante de teus olhos	Nam tibi de summa caeli ratione deumque
Os átomos - de onde todas as coisas são trazidas ao nascimento,	Disserere incipiam et rerum primordia pandam ;
Aumentado e promovido pelo poder criativo,	Unde omnis natura creet res, auctet alatque,
E atingem a putrefação quando a Natureza os expulsa.	Quoque eadem rursus natura perempta resolvat.

Filosofia, portanto, sendo teórica, deve ter suas doutrinas.

12. E por quê? Porque nenhum homem pode realizar devidamente as ações certas, exceto aquele que tenha sido dotado da razão, que lhe permitirá, em todos os casos, cumprir todas as categorias de dever. Essas categorias ele não pode observar a menos que receba preceitos para todas as ocasiões e não só pela ocasião em questão. Os preceitos por si próprios são fracos e, por assim dizer, sem raízes se forem prescritos às partes e não ao todo. São as doutrinas que nos fortalecerão e nos apoiarão em paz e calma, que incluirão simultaneamente a totalidade da vida e do universo em sua plenitude. Existe a mesma diferença entre princípios filosóficos e preceitos entre as letras e frases;[24] as últimas dependem das primeiras, enquanto as primeiras são a fonte da última e de todas as coisas.

13. As pessoas dizem: "A sabedoria antiga aconselhava apenas o que se deveria fazer e evitar e, no entanto, os homens de tempos passados eram homens muito melhores. Quando os eruditos apareceram, os sábios tornaram-se raros. Dessa forma, a franca e simples virtude foi transformada em conhecimento escondido e astuto, somos ensinados a debater e não a viver".

14. Claro, como você diz, a sabedoria antiga, especialmente em seus primórdios, era imperfeita; mas também as outras artes, nas quais a destreza desenvolveu com o progresso. Nem naqueles dias havia necessidade de curas cuidadosamente planejadas. A maldade ainda não havia chegado a um ponto tão alto ou se espalhado tão amplamente. Os vícios simples podiam ser tratados com curas simples; agora, no entanto, precisamos de defesas erguidas com todo o cuidado, por causa dos poderes mais fortes pelos quais somos atacados.

15. A medicina consistiu-se uma vez no conhecimento de algumas ervas, para impedir o fluxo de sangue ou para curar feridas; então, gradualmente, atingiu o seu estágio atual de complexa variedade. Não é de admirar que, nos primeiros dias, o medicamento tivesse menos a fazer! O corpo dos homens ainda era sólido e forte; sua alimentação era leve e não estragada pela arte e pelo luxo, pois então começamos a procurar pratos não para a remoção, mas para o despertar do apetite e inventamos inúmeros molhos para estimular a gula, então, o que antes era alimento para um homem faminto tornou-se um fardo para o estômago.

16. Daí vem palidez e um tremor de músculos encharcados pelo vinho e uma magreza repulsiva, devido à indigestão e não à fome. Dessa forma, pequenos passos cambaleantes e uma marcha incerta como a da embriaguez. Daí a hidropisia,[25] espalhando sob toda a pele e a barriga crescendo para uma pança por conta de um hábito de consumir mais do que pode. Daí a icterícia, os semblantes descoloridos e os corpos que apodrecem por dentro, e os dedos que se tornam nodosos quando as articulações se endurecem e os músculos entorpecidos e sem poder de sensação, e a palpitação do coração.

17. Por que razão eu menciono tonturas? Ou falar de dor nos olhos e na orelha, comichão e dor no cérebro febril e úlceras internas em todo o sistema digestivo? Além disso, existem inúmeros tipos de febre, algumas agudas em sua malignidade, outras nos arrasando com danos sutis e outras que vêm acompanhadas de calafrios e severa maleita.

18. Por que devo mencionar as outras doenças inumeráveis, as torturas que resultam de uma vida luxuosa? Os homens costumavam estar livres de tais males, porque eles ainda não haviam diminuído sua força pela indulgência, porque eles tinham controle sobre si mesmos e proviam suas próprias necessidades. Eles enrijeciam seu corpo pela labuta e pelo trabalho real, cansando-se correndo, ou caçando, ou cultivando a terra. Eles eram revigorados por comida da qual apenas um homem faminto poderia ter prazer. Por isso, não havia necessidade de todas as nossas poderosas parafernálias médicas, de tantos instrumentos e caixas de pomadas. Por razões simples, eles gozavam de uma saúde simples; foi necessário um percurso elaborado para produzir doenças elaboradas.

19. Note o número de coisas – tudo a passar por uma única garganta – que o luxo mistura, depois de devastar a terra e o mar. Tantos pratos diferentes certamente devem estar em desacordo; eles são unidos fortemente e são digeridos com dificuldade, cada um acotovelando o outro. E não é de admirar que as doenças resultantes de alimentos variados sejam diversas e variadas; deve haver um transbordamento quando tantas combinações não naturais se misturam. Por isso, há tantas maneiras de se estar doente quanto há de viver.

20. O ilustre fundador da guilda e da profissão da medicina[26] observou que as mulheres nunca perdiam os cabelos nem sofriam dor nos pés; e no entanto, hoje em dia elas ficam sem cabelos e são afligidas pela gota. Isso não significa que o físico da mulher tenha mudado, mas que tenha sido conquistado; ao competir por indulgências masculinas, elas também competem pelos males dos quais os homens são herdeiros.

21. Elas dormem tão tarde e bebem tanto licor quanto eles; elas desafiam os homens na luta e na bebedeira; elas não são menos dadas ao vômito de estômagos distendidos e assim, descarregando todo o vinho novamente; nem estão atrás dos homens em consumir gelo, como um alívio para suas digestões febris. E elas mesmo igualam os homens em suas paixões, embora tenham sido criadas para sentir amor passivamente (que os deuses e deusas possam amaldiçoá-las!). Elas inventam as variedades mais impossíveis de não castidade e na companhia dos homens elas fazem o papel dos homens. Que maravilha, então, que possamos checar a declaração do melhor e mais experiente médico, quando tantas mulheres são carecas e sofrem de gota! Por causa de seus vícios, as mulheres deixaram de merecer os privilégios de seu sexo; elas renegaram sua natureza feminina e, portanto, estão condenadas a sofrer as doenças dos homens.

22. Os médicos da antiguidade não sabiam nada sobre a prescrição de nutrientes frequentes e o sustento do pulso fraco com vinho; eles não entendiam a prática da sangria e de aliviar as queixas crônicas com banhos de vapor; eles não entendiam como, ao enfaixar os tornozelos e os braços, convocar às partes externas a força que havia se refugiado ao centro. Eles não eram obrigados a buscar muitas variedades de alívio, porque as variedades de sofrimento eram muito poucas em número.

23. Hoje em dia, no entanto, a que etapa os males da doença estão avançados! Esses são juros que pagamos pelos prazeres que desejamos além do que é razoável e correto. Você não precisa imaginar que as doenças estão além da conta: conte os cozinheiros! Todos os interesses intelectuais estão em suspenso; aqueles que seguem conferências de cultura em salas vazias, em lugares afastados. Os salões do professor e do filósofo estão desertos; mas que multidão nos cafés! Quantos jovens assediam as cozinhas de seus amigos glutões!

24. Não devo mencionar as tropas de escravos sem Fortuna que devem suportar outros tratamentos vergonhosos depois que o banquete acaba.

Não devo mencionar as tropas de catamitas,[27] classificadas de acordo com a nação e a cor, que devem ter a mesma pele lisa e a mesma maneira de usar os cabelos, de modo que nenhum menino com madeixas lisas possa ficar entre os de cabelos encaracolados. Nem devo mencionar a confusão de padeiros, e o número de garçons que em um determinado aviso correm para transportar os pratos. Oh, deuses! Quantos homens trabalham para divertir uma única barriga!

25. O quê? Você imagina que esses cogumelos, o veneno do *gourmet*, não causam maldade em segredo, mesmo que não tenham tido efeito imediato? O quê? Você acha que sua neve de verão não endurece o tecido do fígado? O quê? Você acha que aquelas ostras, uma comida gosmenta engordada em lodo, não sobrecarregam com o peso da lama? O quê? Você não acha que o chamado "garum – o molho das Províncias", o extrato apodrecido de peixe venenoso, queime o estômago com sua putrefação salgada? O quê? Você acha que os pratos corrompidos que um homem engole quase queimando do fogo da cozinha são apagados no sistema digestivo sem fazer mal? Quão repugnantes e quão insalubres são os seus arrotos e como os homens ficam enojados consigo mesmos quando respiram os vapores da orgia de ontem! Você pode ter certeza de que a comida deles não está sendo digerida, mas está apodrecendo.

26. Lembro-me de ter ouvido uma fofoca sobre um prato notório em que tudo do qual os *gourmets* adoram era amontoado por um restaurante que estava rapidamente entrando em bancarrota; havia dois tipos de mexilhões, e as ostras aparadas na linha onde são comestíveis, separadas a intervalos por ouriços-do-mar; o todo estava flanqueado por tainhas cortadas e servidas sem as espinhas.[28]

27. Nestes nossos dias estamos envergonhados de alimentos separados; as pessoas misturam muitos sabores em um. A mesa de jantar faz o que o estômago deveria fazer. Eu vislumbro em seguida que a comida será servida já mastigada! E quão longe disso estamos quando separamos conchas e ossos, e o cozinheiro executa o trabalho dos dentes? Eles dizem: "É muito difícil levar nossos luxos um a um, deixe-nos ter tudo servido ao mesmo tempo e misturado com o mesmo sabor. Por que eu deveria me contentar com um único prato? Vamos ter muitos chegando ao mesmo tempo, as delícias de vários cursos devem ser combinadas e confundidas".

28. Aqueles que costumavam declarar que isso era feito para exibição e notoriedade devem entender que não é feito para exibição, mas que é uma oblação ao nosso senso de dever! Deixe-nos ter, ao mesmo tempo, embebidos no mesmo molho, pratos que costumam ser servidos separadamente. Não há diferença: deixe as ostras, os ouriços-do-mar, os crustáceos e os salmonetes serem misturados e cozidos no mesmo prato. Um vomitado não formaria uma massa mais caótica!
29. E como a comida em si é complicada, de modo que as doenças resultantes são complexas, inexplicáveis, múltiplas, variadas, os medicamentos começaram a fazer campanha contra eles de muitas maneiras e por muitas regras de tratamento. Agora, eu declaro que a mesma afirmação se aplica à filosofia. Ela era mais simples porque os pecados dos homens eram em menor escala e podiam ser curados com pequena dificuldade; no entanto, em face de toda inversão moral, os homens não devem deixar nenhum remédio não experimentado. E seria possível que essa praga fosse então superada!
30. Estamos loucos, não apenas individualmente, mas em nível nacional. Evitamos o homicídio culposo e assassinatos isolados; mas e a guerra e o tão voraz crime de matar povos inteiros? Não há limites para nossa ganância, nenhuma para nossa crueldade. E enquanto esses crimes forem cometidos escondido e por indivíduos, eles são menos prejudiciais e menos portentosos; mas as crueldades são praticadas de acordo com atos do senado e da assembleia popular e o público é convidado a fazer o que é proibido ao indivíduo.
31. Ações que seriam punidas com a morte quando cometidas em particular, são louvadas por nós, porque os generais uniformizados as realizaram. O homem, naturalmente a classe de ser vivo mais branda, não tem vergonha de se deleitar com o sangue dos outros, de fazer guerra e de encaminhar seus filhos à guerra, quando as feras e os animais selvagens mantêm a paz uns com os outros.
32. Contra esta loucura excessiva e disseminada, a filosofia tornou-se uma questão do maior esforço e tomou forças em proporção às forças ganhas pela oposição. Costumava ser fácil repreender os homens que eram escravos da bebida e que procuravam comida da mais luxuosa. Não seria

exigido um esforço poderoso para trazer o espírito de volta à simplicidade de onde apenas há pouco partira. Mas agora

É preciso a mão rápida, ao mestre artesão.	Nunc manibus rapidis opus est, nunc arte magistra.[29]

33. Os homens procuram prazer de todas as fontes. Nenhum vício permanece dentro dos limites; o luxo é precipitado em ganância. Estamos impressionados com o esquecimento daquilo que é honroso. Nada de valor é atraente, é sempre vil. O homem, um objeto de reverência aos olhos do homem, agora é abatido por brincadeira e esporte; e aqueles que costumavam acreditar ser profano treinar com o propósito de infligir feridas, estão expostos e indefesos; e é um espetáculo satisfatório ver um homem feito um cadáver.[30]

34. Em meio a esta condição de inversão da moral, é necessário algo mais forte do que o habitual – algo que sacuda esses males crônicos; a fim de erradicar uma crença profunda em ideias erradas, a conduta deve ser regulada por doutrinas. É somente quando adicionamos preceitos, consolo e encorajamento a estes, que podem prevalecer; por si só são ineficazes.

35. Se fôssemos segurar os homens firmemente atados e os afastar dos males que os agarraram firmemente, eles deveriam aprender o que é maligno e o que é bom. Eles deveriam saber que tudo, exceto a virtude, pode mudar de classificação e merecer umas vezes ser consideradas como más e outras, como boas. Assim como o principal vínculo de união do soldado é seu juramento de fidelidade, seu amor à bandeira e seu horror à deserção, e assim como, após essa etapa, outros deveres podem ser facilmente exigidos dele e confiança pode ser dada a ele uma vez que o juramento já tenha sido administrado; assim também é com aqueles que você traz para a vida feliz: os primeiros fundamentos devem ser colocados, e a virtude trabalhada nesses homens. Que sejam mantidos por uma espécie de adoração supersticiosa da virtude; que eles a amem; deixe-os desejar viver com ela e se recusarem a viver sem ela.

36. "Mas o que, então," dizem, "certas pessoas não ganharam caminho para a excelência sem treinamento complicado? Não fizeram grandes

progressos obedecendo apenas preceitos básicos?" Muito verdadeiro; mas seus temperamentos eram propícios e eles pegaram atalho pelo caminho. Pois assim como os deuses imortais, não aprenderam a virtude, tendo nascido com a virtude completa e contendo em sua natureza a essência do bem – mesmo assim certos homens estão equipados com qualidades incomuns e alcançam sem um longo aprendizado o que normalmente é uma questão de ensino, acolhendo coisas honestas assim que as ouvem. Por isso, as mentes escolhidas se apoderam rapidamente da virtude ou então a produzem dentro de si mesmas. Mas seu companheiro embotado e lento, que é prejudicado por seus maus hábitos, deve ter essa ferrugem da alma incessantemente esfregada.

37. Agora, assim como o primeiro tipo, que está inclinado para o bem, pode ser elevado às alturas com mais rapidez: também os espíritos mais fracos podem ser auxiliados e libertados de suas opiniões malignas se confiarmos a eles os princípios aceitos da filosofia; e você pode entender o quão essenciais são esses princípios da seguinte maneira. Certas coisas se afundam em nós, tornando-nos preguiçosos de certa forma e precipitados de outras. Essas duas qualidades, a de imprudência e a outra de preguiça, não podem ser controladas ou despertadas a menos que removamos suas causas, que são admiração equivocada e medo confuso. Enquanto estivermos obcecados por tais sentimentos, você pode nos dizer: "Você deve isso ao seu pai, isso a seus filhos, isso a seus amigos, isso a seus hóspedes"; mas a ganância sempre nos impedirá, não importa como tentemos. Um homem pode saber que ele deve lutar por seu país, mas o medo o dissuadirá. Um homem pode saber que ele deve suar sua última gota de energia em favor de seus amigos, mas o luxo irá proibir. Um homem pode saber que manter uma amante é o pior tipo de insulto para sua esposa, mas a luxúria o levará na direção oposta.

38. Portanto, não servirá dar preceitos a não ser que você primeiro remova as condições que possam prejudicar os preceitos; não servirá de nada colocar as armas ao seu lado e se aproximar do inimigo sem ter as mãos livres para usar essas armas. A alma, para lidar com os preceitos que oferecemos, deve primeiro ser liberada.

39. Suponha que um homem aja como deveria; ele não pode se manter assim de forma contínua ou consistente, já que não saberá o motivo de tal forma

de agir. Parte de sua conduta resultará corretamente por Fortuna ou prática; mas à sua mão não há nenhuma regra que possa regular seus atos e em que ele possa confiar para lhe dizer se o que fez está certo. Aquele que é bom por simples acaso não dá garantia de manter esse caráter para sempre.

40. Além disso, os preceitos talvez o ajudem a fazer o que deve ser feito; mas eles não o ajudarão a fazê-lo da maneira correta; e se eles não o ajudam a esse fim, eles não o conduzem à virtude. Eu admito a você que, se admoestado, um homem fará o que deveria; mas isso não é suficiente, já que o crédito reside, não na ação real, mas na forma como é feito.

41. O que é mais vergonhoso do que uma refeição cara que come a renda mesmo de um equestre?[31] Ou o que é tão digno da condenação do censor como sempre saciar a si mesmo e seu "gênio" interior? – se posso usar os termos dos nossos gastrônomos! E no entanto, muitas vezes um jantar inaugural[32] custa ao homem mais cuidadoso um milhão de sestércios![33] A própria soma é vergonhosa se gasta na gula, mas é irrepreensível se gasta para honrar o cargo! Pois não é luxo, mas uma despesa sancionada pelo costume.

42. Um salmonete de tamanho monstruoso foi oferecido ao imperador Tibério. Dizem que pesava quatro quilos e meio (e por que não deveria fazer cócegas nos palatos de certos glutões mencionando seu peso?). Tibério ordenou que fosse enviado para o mercado de peixe e colocado à venda, observando: "Eu vou ser tomado inteiramente por surpresa, meus amigos, se Apício[34] ou Otávio não comprar esse salmonete". O palpite tornou-se realidade além da expectativa: os dois homens o disputaram, e Otávio ganhou, adquirindo assim uma grande reputação entre os seus íntimos porque comprou por cinco mil sestércios um peixe que o imperador havia vendido e que até Apício não conseguiu comprar. Pagar tal preço foi vergonhoso para Otávio, mas não para o indivíduo que comprou o peixe para presenteá-lo a Tibério – embora eu também estivesse inclinado a culpar o último; mas, de qualquer modo, admirava um presente do qual pensava ser digno de César.

43. Outro exemplo: quando as pessoas se sentam ao lado da cama de seus amigos doentes, nós honramos seus motivos. Mas, quando as pessoas fazem isso com o objetivo de alcançar um legado, são como abutres à espera de carniça. O mesmo ato pode ser vergonhoso ou honorável: a maneira e os

princípios que o motivaram fazem toda a diferença. Ora, todas nossas ações serão honestas se nós as conformarmos à moralidade, se pensarmos que a honra e seus resultados sejam o único bem que pode cair na Fortuna do homem; pois outras coisas só são temporariamente boas.

44. Penso, então, que deve haver profundamente implantada uma firme crença que se aplicará à vida como um todo: é o que eu chamo de "princípio". E como essa crença é, assim serão nossos atos e nossos pensamentos. Como nossos atos e nossos pensamentos são, então nossa vida será. Quando um homem está organizando sua existência como um todo, não é suficiente lhe dar conselhos sobre detalhes.

45. Marco Bruto, no livro que ele tem intitulado *Sobre o(s) dever(es)*, dá muitos preceitos a pais, filhos e irmãos; mas ninguém cumprirá seu dever como deveria, a menos que tenha algum princípio no qual possa basear sua conduta. Devemos colocar diante de nossos olhos o objetivo do Bem Supremo, para o qual devemos lutar e no qual todos os nossos atos e palavras devem ter referência – assim como os marinheiros devem orientar seu curso de acordo com certa estrela.

46. A vida sem ideais é errática: assim que um ideal é configurado, as doutrinas começam a ser necessárias. Tenho certeza de que você admitirá que não há nada mais vergonhoso do que uma conduta incerta e vacilante, do que o hábito de um recuo receoso, sem saber onde pôr os pés. Esta será a nossa experiência em todos os casos, se primeiro não eliminarmos as causas que nos entravam e manietam a alma, impedindo-a de dar o melhor de si própria.

47. Preceitos são geralmente ditos sobre como os deuses devem ser adorados. Mas vamos proibir que as luzes sejam acesas no sábado,[35] já que os deuses não precisam de luz, nem os homens apreciam a fuligem. Permitamos que os homens ofereçam saudações matutinas e se aglomerem nas portas dos templos; as ambições mortais são atraídas por tais cerimônias, mas Deus é adorado por aqueles que realmente o conhecem. Permita-nos proibir trazer toalhas e raspadores de banho para Júpiter e oferecer espelhos para Juno; pois Deus não precisa de servos. Claro que não; ele mesmo presta serviço à humanidade, em todos os lugares e a tudo o que está ao seu alcance para ajudar.

48. Embora um homem ouça quais limites deve observar em sacrifício e até onde deve se afastar de superstições onerosas, ele nunca fará progresso suficiente até que tenha concebido uma ideia correta de Deus – referindo-se a Ele como alguém que possui todas as coisas e atribui todas as coisas e as concede sem contrapartida.

49. E por que razão os deuses têm feito ações de bondade? É a sua natureza. Quem pensa que não estão dispostos a fazer mal, está errado; eles não podem fazer mal. Eles não podem receber ou infligir ferimentos, pois causar dano tem a mesma natureza que sofrer danos. A natureza universal, toda gloriosa e toda bonita, tornou-se incapaz de infligir males àqueles que retirou do perigo do mal.

50. O primeiro ato para adorar os deuses é acreditar nos deuses; ao lado de reconhecer sua majestade, reconhecer sua bondade sem a qual não há majestade. Além disso, saber que eles são comandantes supremos no universo, controlando todas as coisas pelo seu poder e agindo como guardiões da raça humana, mesmo que às vezes não sejam conscientes do indivíduo. Eles não dão nem têm o mal, mas eles castigam e restringem certas pessoas e impõem penalidades e, às vezes, punem ao conceder o que parece bom externamente. Você quer ser agradável aos deuses? Então seja um bom homem. Quem os imita, está os adorando suficientemente.

51. Então vem o segundo problema, como lidar com homens. Qual é o nosso propósito? Que preceitos oferecemos? Devemos pedir que se abstenham de derramar sangue? Que pequena coisa não é prejudicar alguém a quem você deveria ajudar! É realmente digno de grandes elogios, quando o homem trata o homem com bondade! Devemos aconselhar esticar a mão para o marinheiro naufragado ou apontar o caminho para ao viajante ou compartilhar uma migalha com o faminto? Sim, se eu puder apenas lhe dizer primeiro tudo o que deve ser concedido ou retido; entretanto, posso estabelecer para a humanidade uma regra curta para os nossos deveres nas relações humanas:

52. Tudo o que você vê, o que abrange o divino e o homem, é um – somos parte de um grande corpo. A natureza nos produziu relacionados uns com os outros, já que ela nos criou da mesma fonte e para o mesmo fim. Ela engendrou em nós um afeto mútuo e nos fez propensos a amizades. Ela estabeleceu equidade e justiça; de acordo com sua decisão, é mais lamentável cometer do que sofrer lesões. Por meio de suas ordens, deixe nossas mãos estarem prontas para todos que precisam ser ajudados.

53. Deixe este verso penetrar seu coração e estar sempre pronto em seus lábios:

> **Sou homem, tudo quanto é humano me concerne.**
>
> **Homo sum, humani nihil a me ahenum puto.**[36]

Deixe-nos possuir coisas em comum; o nascimento é nosso em comum. Nossas relações uns com os outros são como um arco de pedra, que colapsaria se as pedras não se apoiassem mutuamente.

54. Em seguida, depois de considerar deuses e homens, vejamos como devemos fazer uso das coisas. É inútil que possamos ter preceitos, a menos que comecemos por refletir sobre a opinião que devemos ter em relação a tudo – acerca de pobreza, riqueza, renome, desgraça, cidadania, exílio. Deixe-nos banir o rumor e definir um valor em cada coisa, perguntando o que cada coisa é de fato, e não do que os homens a chamam.

55. Passemos agora a uma consideração das virtudes. Algumas pessoas nos aconselharão a avaliar altamente a prudência, apreciar a bravura e ter mais próximo, se possível, a justiça do que todas as outras qualidades. Mas isso não nos fará bem, se não soubermos o que é a virtude, seja simples ou composta, seja uma ou mais do que uma, se suas partes estão separadas ou entrelaçadas umas com as outras; se aquele que tem uma virtude também possui as outras virtudes; e quais são as distinções entre elas.

56. O carpinteiro não precisa investigar sua arte à luz de sua origem ou de sua função, mais do que um artista de pantomima precisa investigar a arte de dançar; se essas artes se entendem, nada falta, pois não se referem à vida como um todo. Mas a virtude significa o conhecimento de outras coisas além de si mesma: se quisermos aprender a virtude, devemos aprender tudo sobre a virtude.

57. A conduta não terá razão, a menos que a vontade de agir seja correta; pois esta é a fonte de conduta. Nem, novamente, a vontade estará certa sem uma atitude correta da mente; pois esta é a fonte da vontade. Além disso, essa atitude de espírito não será encontrada mesmo no melhor dos homens, a menos que tenha aprendido as leis da vida como um todo e tenha elaborado um julgamento adequado sobre tudo e a menos que tenha reduzido os fatos a um padrão de verdade. A paz mental é desfrutada apenas por aqueles que alcançaram um padrão de julgamento fixo e imutável. O resto da humanidade é continuamente raso e vagante em suas decisões, flutuando em uma condição onde alternadamente rejeita as coisas e as busca. Permanece indeciso sem saber se há de levar ou não até ao fim os seus propósitos.

58. E qual é a razão desse jogar de um lado para o outro? É porque nada é claro para eles, porque eles usam o critério mais inseguro – a opinião comum. Se você quiser sempre desejar a mesma coisa, você deve desejar a verdade. Mas não se pode alcançar a verdade sem princípios básicos; os princípios abraçam toda a vida. As coisas boas e más, honestas e vergonhosas, justas e injustas, obedientes e desleais, as virtudes e a prática delas, a posse de confortos, valor e respeito, saúde, força, beleza, agilidade dos sentidos – todas essas qualidades exigem quem seja capaz de avaliá-las. À pessoa deve ser concedido saber qual o valor de cada objeto a ser classificado.

59. Por vezes, você é enganado e acredita que certas coisas valem mais do que seu real valor; na verdade, você é enganado pois acha que deva valorar em mera moeda aquelas coisas que nós, homens, consideramos valer mais, por exemplo, riqueza, influência e poder. Você nunca entenderá isso, a menos que tenha investigado o padrão real pelo qual essas condições são relativamente avaliadas. Como as folhas não podem prosperar por meio de seus próprios esforços, mas precisam de um ramo ao qual elas possam se apegar e de onde possam tirar a seiva, então seus preceitos, quando levados sozinhos, desaparecem; eles devem ser enxertados em uma escola de filosofia.

60. Além disso, aqueles que eliminam os princípios não entendem que os princípios são provados pelos próprios argumentos que estes mesmos homens usam para refutá-los. Pois o que esses homens estão dizendo? Eles estão dizendo que os preceitos são suficientes para desenvolver a vida e que os princípios de sabedoria (em outras palavras, dogmas) são supérfluos. E, no entanto, esse próprio enunciado deles é um princípio, como se eu devesse agora observar que é preciso dispensar os preceitos com o fundamento de serem supérfluos, que é preciso fazer uso de princípios e que nossos estudos devem ser direcionados exclusivamente para esse fim; assim, pela minha própria afirmação de que os preceitos não devem ser levados a sério, eu estaria proferindo um preceito!

61. Existem alguns assuntos em filosofia que precisam de admoestação; há outros que precisam de prova, e uma grande prova, porque eles são complicados e dificilmente podem ser esclarecidos com o maior cuidado e a maior habilidade dialética. Se as provas forem necessárias, também são as doutrinas; as doutrinas deduzem a verdade por meio do raciocínio. Alguns assuntos são claros e outros são vagos: aqueles que os sentidos e a memória podem abraçar são claros; aqueles que estão fora do alcance deles são vagos. Mas a razão não é satisfeita por fatos óbvios; sua função mais alta e mais nobre é lidar com coisas ocultas. As coisas escondidas precisam de prova; a prova não pode vir sem princípios; portanto, princípios são necessários.

62. O que leva a um acordo geral, e semelhante a um perfeito, é uma crença segura em certos fatos; mas se, sem essa garantia, todas as coisas estão à deriva em nossas mentes, então os princípios são indispensáveis; pois eles dão às nossas mentes os meios de uma decisão inabalável.

63. Além disso, quando aconselhamos um homem a considerar seus amigos tão altamente como a si mesmo, para refletir que um inimigo pode se tornar um amigo, a estimular o amor no amigo e aplacar o ódio no inimigo, acrescentamos: "Isso é justo e honroso." Agora, o elemento justo e honroso em nossos princípios é abraçado pela razão; portanto, a razão é necessária; pois sem ela os princípios também não podem existir.

64. Mas vamos unir as duas. Pois, de fato, os ramos são inúteis sem suas raízes, e as raízes são fortalecidas pelos ramos que produziram. Todos podem entender quão úteis são as mãos; elas obviamente nos ajudam. Mas o coração, a fonte do crescimento, do poder e do movimento das mãos, está escondido. E posso dizer o mesmo sobre os preceitos: eles são manifestos, enquanto os princípios da sabedoria estão escondidos. E como somente os iniciados conhecem a porção mais sagrada dos ritos então, na filosofia, as verdades ocultas são reveladas apenas aos que são membros e foram admitidos nos ritos sagrados. Mas os preceitos e outros assuntos são familiares mesmo para os não iniciados.

65. Posidônio sustenta que não só a dação de preceitos (não há nada para impedir que use essa palavra), mas mesmo a persuasão, a consolação e o encorajamento são necessários. Para isso, ele acrescenta a investigação das causas (mas não consigo ver por que eu não deveria ousar chamar isso de "etiologia",[37] uma vez que os estudiosos que monitoram a língua latina usam o termo como tendo o direito de fazê-lo). Ele observa que também será útil ilustrar cada virtude particular; esta ciência, Posidônio chama *etologia*, enquanto outros a chamam de *caracterismo*. Dá os sinais e as marcas que pertencem a cada virtude e vício de modo que, por meio deles, a distinção pode ser feita entre coisas semelhantes.

66. Sua função é a mesma que a do preceito. Pois aquele que profere preceitos diz: "Se você quiser ter autocontrole, aja assim e assim". Aquele que ilustra diz: "O homem que age assim e assim e se abstém de certas outras coisas, possui autocontrole". Se você perguntar qual é a diferença aqui, digo que uma pessoa dá os preceitos da virtude, a outra dá sua personificação. Essas ilustrações ou, para usar um termo comercial, essas amostras, têm, eu confesso, certa utilidade; basta colocá-las à exposição com boas recomendações e você encontrará homens para copiá-las.

67. Você, por exemplo, julgaria ser útil ter evidências para que reconhecesse um cavalo de puro sangue e não fosse enganado em sua compra ou desperdiçasse seu tempo por um animal inferior? Mas quanto mais útil é conhecer as marcas de uma alma insuperável – marcas que alguém pode apropriar de outro para si mesmo!

68. Imediatamente, o potro de raça pura pisa a terra,
Marchando com um passo animado;
É o primeiro a caminhar e a atravessar os rios de peito aberto
Com ousadia, confia na ponte desconhecida,
Não temendo estrondo vazio. Seu pescoço elevado
E cabeça ágil, barriga curta e costas fortes,
Seu peito com espírito exibe seus nervos... ... Então, se a guerra ressoa ao longe
Não pode descansar, mas pica os ouvidos com os membros curiosos,
Reunindo sob suas narinas, espirala fogo.

Continue pecoris generosi pullus in arvis
Altius ingreditur et mollia crura reponit;
Primus et ire viam et fluvios temptare minantis
Audet et ignoto sese committere ponti,
Nec vanos horret strepitus. I lli ardua cervix
Argutumque caput, brevis alvus obesaque terga,
Luxuriatque toris animosum pectus...
...Turn, si qua sonum procul arma dederunt.
Stare loco nescit, micat auribus et tremit artus
Conlectumque premens volvit sub naribus ignem.[38]

69. A descrição de Virgílio, embora se refira a outra coisa, poderia perfeitamente ser o retrato de um homem corajoso; de qualquer forma, eu mesmo não selecionaria nenhum outro símile para um herói. Se eu tivesse que descrever Catão, que estava desesperado no meio da guerra civil, que primeiro atacou os exércitos que já marchavam para os Alpes, que mergulhou de frente no conflito civil, esse é exatamente o tipo de expressão e atitude que eu deveria dar a ele.

70. Certamente, ninguém poderia mais "marchar com um passo animado" do que aquele que se levantou contra César e Pompeu ao mesmo tempo e quando alguns estavam apoiando o partido de César e outros, o de Pompeu, lançou um desafio aos dois líderes, mostrando assim que a república também tinha alguns apoiadores. Pois não basta dizer que Catão "não treme ao ouvir ruídos vãos". Claro que ele não tem medo! Ele não recua frente a ruídos reais e iminentes. Diante de dez legiões, reforços gauleses e uma multidão de cidadãos e estrangeiros, ele pronuncia palavras repletas de liberdade, encorajando a República a não falhar na luta pela liberdade, mas a lutar contra todos os perigos; ele declara que é mais honrado cair em servidão do que estar de acordo com ela.

71. Que força e energia ele tem! Que confiança ele exibe em meio ao pânico geral! Ele sabe que é o único cuja situação não está em questão e que os homens não perguntam se Catão é livre, mas se ele ainda está entre os livres. Daí o seu desprezo pelo perigo e pela espada. Que prazer dizer, admirando a firmeza constante de um herói, que não caiu quando todo o Estado estava em ruínas: "Um peito másculo, abundante em coragem!"

72. Será útil não apenas indicar qual é a qualidade usual dos homens bons e delinear suas figuras e características, mas também relacionar e estabelecer que homens desse tipo existiram. Podemos imaginar a última e mais valente ferida de Catão, através da qual a Liberdade expirou por último; ou o sábio Lélio e sua vida harmoniosa com seu amigo Cipião; ou os nobres atos do outro Catão, o velho, em feitos públicos ou privados; ou os bancos de madeira de Q. Tubero com pele de cabra em vez de tapeçarias, e vasos de barro expostos para o banquete frente ao próprio santuário de Júpiter! O que mais significou, exceto consagração da pobreza diante do próprio Capitólio? Embora eu não conheça nenhum outro seu para o classificar entre os Catões, este não é o suficiente? Era uma censura pública, não um banquete.

73. Quão lamentavelmente os que desejam a glória, mas não conseguem entender o que é a glória ou de que maneira deve ser procurada! Naquele dia, a população romana viu a mobília de muitos homens; ficou maravilhada apenas com a de um! O ouro e a prata de todos os outros foram quebrados e derretidos várias vezes; mas os copos de barro de Tubero persistirão pela eternidade.

Mantenha-se Forte. Mantenha-se Bem.

IV.
SOBRE O ENFRENTAMENTO DE DIFICULDADES

Saudações de Sêneca a Lucílio.

01. Apesar de tudo, você ainda se irrita e se queixa, não entendendo que em todos os males a que se refere existe realmente apenas um – o fato de que você se irrita e se queixa! Se você me perguntar, acho que para um homem não há aflição além da própria circunstância de ele julgar que a natureza contém em si motivos de aflição. Não me tolerarei mais no dia em que eu achar algo intolerável. Estou doente; mas isso é parte da minha Fortuna. Meus escravos caíram doentes, minha renda desapareceu, minha casa ficou insalubre, fui atacado por perdas, acidentes, fadiga e medo; isso é algo comum. Não, isso foi uma atenuação; isso é algo inevitável.

02. Tais condições são feitas por ordem e não por acidente. Se você confia em mim, essas são minhas emoções mais íntimas que acabo de revelar: quando tudo parecia ser difícil e árduo, eu formei o meu carácter em meio a todo tipo de circunstâncias aparentemente desfavoráveis e duras, eu me treinei não apenas para obedecer a Deus, mas para concordar com Suas decisões. Eu O segui porque minha alma quer e não porque eu deva. Nunca me acontecerá algo que eu receba com mau humor ou com um rosto retorcido. Devo pagar todos os meus impostos voluntariamente. Agora, todas as coisas que nos fazem gemer ou recuar, são parte do imposto da vida – coisas, meu querido Lucílio, que você nunca deve esperar, nem sequer pedir isenção.

03. Era doença da bexiga que o fazia apreensivo; cartas depressivas vieram de você; você estava cada vez pior; vou tocar a verdade mais de perto e dizer que você temeu por sua vida. Mas venha, você não sabia que, quando rezava por uma longa vida, que era por isso que orava? Uma longa vida inclui todos esses problemas, assim como uma longa jornada inclui pó, e lama, e chuva.

04. "Mas", você chora, "eu queria viver e ao mesmo tempo ser imune a todos os males". Um grito tão afeminado não faz crédito a um homem. Considere em que atitude você receberá esta oração minha (eu a ofereço não só em um bom, mas em um nobre espírito): "Que todos os deuses proíbam que a Fortuna o mantenha em luxo!"

05. Pergunte-se voluntariamente, o que escolheria se algum deus lhe desse a escolha – uma vida em um mercado ou vida em um acampamento. E, no entanto, a vida, Lucílio, é realmente uma batalha. Por esta razão, aqueles que são jogados no mar, aqueles que seguem subindo e descendo sobre penhascos e alturas, aqueles que seguem campanhas que trazem o maior perigo, são heróis e combatentes de primeira linha; mas as pessoas que vivem em um ócio podre e fácil enquanto outras trabalham, são meras "rolinhas" covardes que se escondem dos ataques. Os homens as desprezam.

Mantenha-se Forte. Mantenha-se Bem.

V.
SOBRE A DEGENERAÇÃO DA ÉPOCA

Saudações de Sêneca a Lucílio.

01. Você está enganado, meu querido Lucílio, se você acha que o luxo, a negligência aos bons costumes e outros vícios são especialmente característicos de nossa época. Não, são os vícios da humanidade e não dos tempos. Nenhuma era na história esteve isenta de culpa. Além disso, se você começar a levar em conta as irregularidades típicas a qualquer época particular, você encontrará – para a vergonha do homem – que o pecado nunca foi mais explícito do que na própria presença de Catão.

02. Alguém acreditaria que o dinheiro mudou de mão no julgamento quando Clódio[39] foi acusado de adultério com a esposa de César, quando ele violou o mistério ritual[40] daquele sacrifício que se é oferecido em nome do povo, quando todos os homens são tão rigorosamente removidos do recinto, tanto que até imagens de todas as criaturas masculinas estão cobertas? E, no entanto, o dinheiro foi dado ao júri e, mais vil do que essa pechincha, crimes sexuais foram exigidos de mulheres casadas e jovens rapazes como uma espécie de contribuição adicional.

03. O crime denunciado envolveu menos pecado do que sua absolvição, pois o réu por adultério parcelou os adultérios e não tinha certeza de sua própria absolvição até ter feito dos jurados criminosos como ele. Tudo isso foi feito no julgamento em que Catão deu testemunho, embora essa fosse sua única participação. Vou citar as reais palavras de Cícero, porque os fatos são tão ruins quanto inacreditáveis:

04. "Ele distribuiu cargos, promessas, súplicas e presentes. E mais do que isso (Céus misericordiosos, que estado de coisas abandonado!) a vários jurados, para completar sua recompensa ele concedeu o gozo de certas mulheres e encontros com jovens nobres."[41]

05. É supérfluo ficar chocado com o suborno, pois as adições ao suborno foram piores. "Você tem interesse na esposa desse indivíduo austero, A? Muito bom. Ou de B, o milionário? Eu garantirei que você possa se deitar com ela. Se você não cometeu adultério, condene Clódio. Essa beldade que você deseja deve visitá-lo. Garanto-lhe uma noite em companhia dessa mulher sem demora, minha promessa deve ser realizada fielmente dentro do prazo legal de pagamento." É mais grave distribuir esses crimes do que os cometer; significa chantagear matronas dignas.

06. Esses jurados no julgamento de Clódio pediram ao Senado uma guarda – um favor que só seria necessário para um júri prestes a condenar o acusado; e seu pedido foi concedido. Daí a observação espirituosa de Catulo depois de o réu ter sido absolvido: "Por que nos pediram a guarda? Tiveram medo de ter seu dinheiro roubado?" E, no entanto, em meio a gracejos como estes, ele ficou impune, ele que antes do julgamento era um adúltero, durante o julgamento, um gigolô e que escapou da condenação mais vilmente do que merecia.

07. Você acredita que qualquer coisa poderia ser mais vergonhosa do que esses padrões morais – quando a luxúria não pode se manter afastada nem do culto religioso, nem dos tribunais? No próprio inquérito realizado em sessão especial por ordem do Senado, mais crimes foram cometidos do que investigados. A questão em debate era se alguém poderia estar seguro depois de cometer adultério; foi demonstrado que não se poderia estar seguro sem cometer adultério!

08. Toda essa negociata ocorreu na presença de Pompeu e César, de Cícero e Catão, sim, esse próprio Catão cuja presença, segundo dizia, fazia com que as pessoas se abstivessem de exigir as provocações e caprichos usuais de atrizes nuas na Florália[42] – se você puder acreditar que os homens eram mais rigorosos em sua conduta em um carnaval do que em um tribunal! Tais coisas serão feitas no futuro, como já foram feitas no passado e a licenciosidade das cidades às vezes diminuirá através da disciplina e do medo, nunca por si mesma.

09. Portanto, você não precisa acreditar que somos nós quem mais nos entregamos para a luxúria e menos para a lei. Pois os homens jovens de hoje vivem vidas muito mais simples do que as de uma época em que um réu se declararia inocente de uma acusação de adultério perante os juízes, e os juízes confessariam perante o arguido. Época quando foi praticada a devassidão para garantir um veredicto e quando Clódio, favorecido pelos próprios vícios dos quais ele era culpado, fez o papel de gigolô durante a audiência do caso. Poderíamos acreditar nisso? Aquele a quem um adultério levou a um inquérito foi absolvido por causa de muitos.

10. Todas as eras produzirão homens como Clódio, mas nem todas as eras, homens como Catão. Degeneramos facilmente porque não nos faltam mentores nem associados em nossa maldade e a perversidade continua por si mesma, mesmo sem mentores ou associados. O caminho para o vício não é apenas morro abaixo, mas em declive acentuado. Muitos homens são tornados incorrigíveis pelo fato de que, enquanto que no artesanato todos os erros trazem vergonha aos bons artesãos e causam vergonha para aqueles que se desviaram, os erros da vida são uma fonte positiva de prazer.

11. O piloto não está contente quando seu navio emborca; o médico não está contente quando enterra seu paciente; o advogado não está contente quando o réu perde um caso por sua culpa; mas, por outro lado, cada homem goza de seus próprios crimes. A se deleita em uma intriga, pois era a dificuldade que o atraía a ela. B delicia-se em falsificação e roubo e só está descontente com o pecado quando seu pecado não atinge o alvo. E tudo isso é o resultado de hábitos pervertidos.

12. Por outro lado, no entanto, para que você possa saber que há uma ideia de boa conduta presente subconscientemente em almas que foram conduzidas até mesmo nas formas mais depravadas e que os homens não são ignorantes do que o mal é, mas indiferentes, eu digo que todos os homens escondem seus pecados e mesmo que o caso seja bem-sucedido aproveita os resultados enquanto esconde os próprios pecados. Uma boa consciência, no entanto, deseja sair e ser vista pelos homens, já a maldade teme a própria sombra.

13. Por isso, considero Epicuro o mais adequado: "Um criminoso pode ter a sorte de conservar-se oculto, mas não pode estar seguro de assim permanecer",[43] ou, se você acha que o significado pode ser mais claro desta forma: "A razão pela qual não é nenhuma vantagem para os transgressores permanecerem ocultos é que, embora tenham a Fortuna, eles

não têm a certeza de permanecer em segurança". É o que quero dizer: os crimes podem ser bem guardados, mas estar livre da ansiedade não é possível.

14. Esta visão, eu mantenho, não está em desacordo com os princípios da nossa escola, se assim for explicado. E por quê? Porque a primeira e a pior penalidade do pecador é ter cometido o pecado. E o crime, embora a Fortuna se divirta com seus favores, embora ela o proteja e o tome sob sua guarda, nunca pode ficar impune, uma vez que a punição do crime reside no próprio crime. Mas, no entanto, essas segundas penalidades seguem de perto as primeiras: medo constante, terror constante e desconfiança na própria segurança. Por que, então, eu deveria colocar a perversidade livre de tal punição? Por que não hei de deixá-la sempre em suspenso?

15. Deixe-nos discordar de Epicuro em um único ponto, quando ele declara que não existe uma justiça natural e que o crime deve ser evitado porque não se pode escapar do medo que resulta dele; deixe-nos concordar com ele em outro ponto, que as más ações são açoitadas pelo chicote da consciência e essa consciência é torturada em maior grau porque a ansiedade interminável a perturba e chicoteia, e não pode confiar nos fiadores de sua própria paz mental. Por isso, Epicuro é a própria prova de que somos, por natureza, relutantes em cometer crimes, porque mesmo em circunstâncias de segurança, não há quem não sinta medo.

16. Boa fortuna libera muitos homens do castigo, mas nenhum homem do medo. E por que seria assim, se não fosse enraizada em nós uma aversão por aquilo que a natureza condenou? Daí mesmo os homens que escondem seus pecados nunca podem contar com o fato de ficarem ocultos; pois a consciência os convence e revela os crimes a si mesmo. Mas é propriedade da culpa ter medo. Ela nos faz doentes devido aos muitos crimes que escapam à vingança da lei e às punições prescritas para que as graves ofensas contra a natureza sejam pagas em dinheiro vivo e porque, em lugar de sofrer a punição, sofremos com o medo.

Mantenha-se Forte. Mantenha-se Bem.

VI.
SOBRE A INCONSTÂNCIA DA FORTUNA

Saudações de Sêneca a Lucílio.

01. Você nunca deve acreditar que qualquer pessoa que dependa da felicidade esteja feliz! É um apoio frágil esse prazer em coisas forasteiras, a alegria que veio de fora partirá algum dia. Mas essa alegria que brota completamente de si próprio é leal e sólida, aumenta e nos atende até o fim enquanto todas as outras coisas que provocam a admiração da multidão são apenas bens temporários. Você pode responder: "O que você quer dizer? Não é possível que essas coisas sirvam tanto para utilidade quanto para trazer satisfação?" Claro. Mas somente se elas dependerem de nós, e não nós delas.

02. Tudo o que a Fortuna tem sob sua alçada torna-se produtivo e agradável somente se aquele que o possui é também possuidor de si mesmo e não está no poder daquilo que lhe pertence. Pois os homens cometem um erro, meu querido Lucílio, se consideram que qualquer coisa boa, ou má também, é concedida pela Fortuna. Ela nos dá simplesmente a matéria-prima dos bens e males que, em nossa guarda, se tornarão bens e males. Pois a alma é mais poderosa do que qualquer tipo de Fortuna, por conta própria orienta seus assuntos em ambas as direções e por si própria pode produzir uma vida feliz ou uma miserável.

03. Um homem ruim torna tudo ruim, mesmo coisas que vieram com a aparência do melhor. Mas o homem reto e honesto corrige os erros da Fortuna e suaviza dificuldades e amarguras, porque sabe como suportá-las, ele também aceita prosperidade com apreciação e moderação e enfrenta problemas com firmeza e coragem. Embora um homem seja prudente, embora ele conduza todos os seus interesses com um julgamento bem equilibrado, embora ele não tente nada além de suas forças, ele não alcançará o bem, que está livre e fora do alcance das ameaças, a menos que tenha certeza de lidar com habilidade com aquilo que é incerto.

04. Se você prefere observar outros homens – pois é mais fácil chegar a uma conclusão ao julgar os assuntos dos outros – ou se você se observa, com todo o preconceito deixado de lado, você perceberá e reconhecerá que não há utilidade em todas essas coisas desejáveis e amadas a menos que você se equipe em oposição à inconstância do acaso e suas consequências e a menos que você repita com frequência e com indiferença, em cada transtorno, as palavras: "Os deuses decretaram o contrário".[44]

05. Não, em vez disso, adote uma frase que seja mais corajosa e mais próxima da verdade – uma sobre a qual você possa suportar com segurança seu espírito. Diga a si mesmo, sempre que as coisas se revelem contrárias à sua expectativa: "Os deuses decretaram o melhor!" Se você estiver com essa disposição de espírito, nada irá afetá-lo. Essa disposição você conseguirá se refletir sobre os possíveis altos e baixos nos assuntos humanos antes de testar a força da Fortuna, se vier a considerar filhos ou esposa ou propriedade com a ideia de que não os possuirá necessariamente para sempre e que não será mais miserável apenas porque os tenha deixado de possuir.

06. É trágico que a alma esteja apreensiva pelo futuro e miserável em antecipação à miséria, consumida com um ansioso desejo de que os objetos que dão prazer permaneçam em sua posse até o fim. Pois tal alma nunca estará em repouso. Na espera do futuro, perderá as bênçãos presentes que poderia já desfrutar. E não há diferença entre o sofrimento por algo perdido e o medo de perdê-lo.

07. Mas, por isso, não aconselho você a ser indiferente. Em vez disso, se afaste do que pode causar medo. Certifique-se de prever tudo o que possa ser previsto no planejamento. Observe e evite, muito antes de acontecer, qualquer coisa que seja suscetível de causar prejuízo. Para realizar isso, sua melhor assistência será um espírito confiante e uma mente fortemente decidida a suportar todas as coisas. Aquele que pode suportar a Fortuna, também pode se precaver contra a Fortuna. De qualquer forma, não há turbilhão de ondas quando o mar está calmo. E não há nada mais miserável ou tolo do que o medo prematuro. Que loucura é antecipar os problemas!

08. Muito bem, para expressar meus pensamentos em passo rápido e retratar em uma frase aqueles homens intrometidos e autotorturadores que estão tão descontrolados em meio a seus problemas como estão antes dos problemas: "Sofre mais do que é necessário, quem sofre antes que seja necessário". Tais homens não pesam a quantidade de seus sofrimentos, por causa da mesma deficiência que os impede de estarem prontos para isso e com a mesma falta de restrição imaginam ingenuamente que sua Fortuna durará para sempre e imaginam ingenuamente que seus ganhos devem aumentar, assim como simplesmente continuar. Eles esquecem esse trampolim sobre o qual as coisas mortais são jogadas e acreditam garantir a si mesmos uma continuação infinita das dádivas da chance.

09. Por essa razão, considero excelente a frase de Metrodoro,[45] em uma carta de consolo à sua irmã pela perda de seu filho, um menino de grande promessa: "Todo o bem relativo aos mortais é mortal".[46] Ele está se referindo aos bens para os quais os homens se atiram em cardumes. Pois o bem real não perece, é certo e duradouro e consiste em sabedoria e virtude – é a única coisa imortal que é concedida aos mortais.

10. Mas os homens são tão instáveis e tão esquecidos do seu objetivo e do ponto para onde todos os dias os empurram, que ficam surpresos com a perda de qualquer coisa, embora algum dia eles sejam obrigados a perder tudo. Qualquer coisa de que você tenha o título de proprietário está em sua posse, mas não é sua, pois não há força naquilo que é fraco, nem qualquer coisa duradoura e invencível naquilo que é frágil. Devemos perder nossas vidas tão seguramente quanto perderemos nossa propriedade e isso, se compreendemos a verdade, é em si mesmo um consolo. Perca então com serenidade, pois você deve perder sua vida também.

11. Que recurso encontramos, então, diante dessas perdas? Simplesmente isto: manter em memória as coisas que perdemos e não sofrer pela perda do gozo que deriva delas. Pois "ter" pode ser tirado de nós, "ter tido", nunca. Um homem é ingrato no mais alto grau se, depois de perder algo, ele não sinta nenhum agradecimento por tê-lo recebido. A Fortuna nos rouba a coisa, mas nos deixou a utilidade e prazer que tiramos dela – e perdemos isso se somos tão injustos a ponto de nos arrepender de tê-la tido ao mesmo tempo que exigimos continuar a possuí-la.

12. Apenas diga a si mesmo: "De todas essas experiências que parecem tão assustadoras, nenhuma delas é insuperável. As provações variadas foram superadas por muitos: fogo por Múcio,[47] crucificação por Régulo,[48] veneno por Sócrates, exílio por Rutílio[49] e uma morte infligida pela espada por Catão, portanto, permitamo-nos também superar algo".

13. Novamente, aqueles objetos que atraem a multidão, sob a aparência de beleza e felicidade, foram desprezados por muitos homens e em muitas ocasiões. Fabrício,[50] quando era general, recusou riquezas e quando foi censor as marcava com desaprovação. Túbero considerou a pobreza digna de si mesmo e da divindade no Capitólio quando, ao usar pratos de barro em um festival público, mostrou que o homem deveria estar satisfeito com o que os deuses ainda podiam usar. O ancião Séxtio rejeitou as honras do cargo, ele nasceu com a obrigação de participar de assuntos públicos e, no entanto, não aceitou a faixa larga[51] mesmo quando o divino Júlio lhe ofereceu. Pois ele entendia que o que pode ser dado também pode ser retirado. Deixe-nos também, portanto, realizar algum ato corajoso por nossa própria iniciativa, deixe-nos ser incluídos entre os tipos ideais da história.

14. Por que ficamos negligentes? Por que desanimamos? O que poderia ser feito, pode ser feito se apenas purificarmos nossas almas e seguirmos a natureza; pois quando se afasta da natureza, se é obrigado a desejar, e temer, e ser escravo das coisas do acaso. Podemos retornar ao caminho verdadeiro, podemos ser restaurados ao nosso estado adequado. Deixe-nos, então, ser assim, para que possamos suportar a dor, sob qualquer forma que atacar nossos corpos, e dizer à Fortuna: "Você está lidando com um homem, procure alguém a quem você possa conquistar!"[52]

15. Por essas palavras e palavras de um tipo semelhante, a malignidade da úlcera é acalmada; e espero que possa ser reduzida, e seja curada ou interrompida, e envelheça junto com o próprio paciente. No entanto, estou confortável em relação a ele. O que agora estamos discutindo é a nossa própria perda: a partida de um excelente homem velho. Pois ele viveu uma vida plena e qualquer coisa adicional pode ser desejada por ele, não por sua própria causa, mas por causa daqueles que precisam de seus serviços.

16. Ele continua cheio de vida, e se deseja que esta se prolongue não é por si mesmo, mas por aqueles a quem a sua presença é útil. Outra pessoa poderia ter acabado com esses sofrimentos, mas o nosso amigo considera não menos vil fugir da morte do que fugir para a morte. "Mas", vem a resposta, "se as circunstâncias justificarem, ele não tomará a partida?". Claro, se ele não pode mais ser útil a ninguém, se todo o seu negócio passar a ser lidar com a dor.

17. Isto, meu querido Lucílio, é o que queremos dizer ao estudar filosofia enquanto a aplicamos, praticando-a na verdade – anote a coragem que um homem prudente possui contra a morte e contra a dor quando se vê assediado por uma e golpeado pela outra. O que devemos fazer deve ser aprendido com quem faz.

18. Até agora, lidamos com argumentos – se alguém pode resistir à dor, ou se a aproximação da morte pode abater até grandes almas. Por que discutir isso ainda mais? Aqui há um fato imediato para nós enfrentarmos – a morte não torna nosso amigo mais valioso para enfrentar a dor nem a dor para enfrentar a morte. Em vez disso, ele confia em si mesmo diante de ambas. Ele não sofre com resignação porque espera a morte, nem morre com prazer porque está cansado de sofrer. À dor ele resiste, a morte ele espera.

Mantenha-se Forte. Mantenha-se Bem.

VII.
SOBRE CONSOLO A QUEM SE ENCONTRA EM LUTO

Saudações de Sêneca a Lucílio.

01. Anexei uma cópia da carta que escrevi a Marulo[53] na ocasião da perda de seu filho em tenra idade – morte que, fiquei sabendo, ele suportou com quase nula coragem, comportando-se de forma bastante afeminada em sua dor. Nesta carta não observei a forma habitual de condolências: pois não acreditava que ele deveria ser tratado suavemente já que, na minha opinião, ele merecia críticas e não consolação. Quando um homem é atingido e está achando difícil suportar um ferimento grave, devemos fazer sua vontade por um tempo: permitamos que ele satisfaça seu pesar ou, de qualquer forma, dissipe o primeiro choque, até que a dor vá esmorecendo e perca a violência inicial.

02. Mas aqueles que adotam indulgência no sofrimento devem ser repreendidos imediatamente e devem saber que existe alguma insensatez, mesmo nas lágrimas.[54] "É consolação que você procura? Deixe-me dar-lhe uma repreensão em vez disso! Você se comporta como uma mulher na maneira em que encara a morte do seu filho, o que faria se tivesse perdido um amigo íntimo? Um filho, um filho pequeno de futuro incerto está morto, apenas um fragmento de tempo foi perdido!"

03. Nós caçamos desculpas para o sofrimento, nós até mesmo proferimos queixas injustas sobre a Fortuna, como se a Fortuna nunca nos desse motivos para reclamar! Mas eu realmente acreditava que você possuísse espírito suficiente para lidar com problemas concretos, sem contar os problemas irreais sobre os quais os homens se lamentam por força do hábito. Se você tivesse perdido um amigo (o maior golpe de todos),[55] mesmo assim você deveria tentar se regozijar por tê-lo possuído em vez de lamentar sua perda.

04. Mas muitos homens não conseguem contar quão variados foram seus ganhos, quão ótimas foram as suas alegrias. Sofrimento como o seu tem isso entre outros males: não é apenas inútil, mas ingrato. Foi tudo em vão ter tido tantos amigos? Durante tantos anos, em meio a associações tão próximas, depois de uma comunhão tão íntima de interesses pessoais, nada foi realizado? Você enterra a amizade com um amigo? E por que lamentar-se por ter perdido, se não foi útil tê-lo tido? Acredite-me, grande parte daqueles que amamos, embora o acaso tenha removido suas pessoas, ainda permanecem conosco. O passado é nosso e não há nada mais seguro para nós do que aquilo que se foi.

05. Nós somos ingratos pelos ganhos passados porque esperamos o futuro, como se o futuro (na hipótese de lá chegarmos) não fosse ser rapidamente misturado com o passado. As pessoas estabelecem um limite estreito para suas alegrias se elas só as aproveitam no presente, tanto o futuro quanto o passado servem para nosso deleite: um pela antecipação e o outro pelas memórias, mas o primeiro é contingente e pode não acontecer, enquanto o segundo é certo. Que loucura é, portanto, perder o controle sobre o que é o mais certo de tudo? Vamos descansar contentes com os prazeres que nos foram dados a desfrutar, se no entanto, enquanto nós os desfrutamos, a alma não foi perfurada como uma peneira, apenas para perder novamente o que havia recebido.

06. Existem inúmeros casos de homens que, sem lágrimas, enterraram filhos no auge da vida – homens que voltaram da pira funerária para a câmara do Senado ou para quaisquer outros deveres oficiais e imediatamente se ocuparam de outra coisa. E com razão, pois, em primeiro lugar, é inútil se afligir se não for receber ajuda da aflição. Em segundo lugar, é injusto se queixar sobre o que aconteceu com um homem, mas que está reservado a todos. Mais uma vez, é tolo lamentar a perda, quando existe um intervalo tão curto entre os perdidos e os perdedores. Portanto, devemos ser mais resignados em espírito, porque acompanharemos de perto aqueles que perdemos.

07. Observe a rapidez do Tempo – a mais rápida das coisas –, considere a brevidade do curso ao longo do qual aceleramos à velocidade máxima, perceba essa multidão de humanos que se esforça para o mesmo ponto com breves intervalos entre eles – mesmo quando eles parecem mais longos, aquele que você conta como morto simplesmente se postou à frente.[56] E o que é mais irracional do que lamentar o seu antecessor, quando você mesmo deve viajar a mesma jornada?

08. Um homem lamenta um evento que ele sabe que irá acontecer? Ou, se não pensar que a morte está no futuro do homem, se enganou. Um homem lamenta um evento que admite ser inevitável? Quem se queixa da morte de alguém, está se queixando de que ele era humano. Todos estamos vinculados pelo mesmo termo: aquele que tem o privilégio de nascer está destinado a morrer.

09. Períodos de tempo nos separam, a morte nos nivela. O período que se situa entre o nosso primeiro dia e o nosso último é inconstante e incerto: se você o contar pelos problemas, é longo até para um rapaz, se por sua velocidade, é escasso mesmo para um idoso. Tudo é instável, traiçoeiro e mais incerto do que qualquer clima. Todas as coisas são jogadas e se deslocam para os seus opostos ao comando da Fortuna, em meio a esta turbulência de assuntos mortais, nada além da morte está mais certamente reservado a qualquer um. E, no entanto, todos os homens se queixam da única coisa da qual nenhum deles é iludido.

10. "Mas ele morreu na infância." Eu ainda não estou preparado para dizer que aquele que rapidamente chega ao fim de sua vida conseguiu o melhor da barganha, voltemos a considerar o caso daquele que atingiu a velhice. Quão exíguo é o tempo que ele tem de vantagem sobre a criança! Pondere a grande extensão do abismo do tempo e considere o universo e depois contraste nossa vida humana com o infinito, então você verá quão breve é aquilo pelo que oramos e que procuramos alongar.

11. Quanto deste tempo é desperdiçado com o choro, quanto com preocupação! Quanto com orações para a morte antes da chegada da morte, quanto com nossa saúde, quanto com nossos medos! Quanto é ocupado por nossos anos de inexperiência ou de esforço inútil! E metade de todo esse tempo é desperdiçado em dormir. Adicione, além disso, nossos problemas, nossas dores, nossos perigos e você compreenderá que, mesmo da vida mais longa, a vida real é a menor parcela.

12. No entanto, quem irá admitir algo como: "Não está em melhor condição um homem que tem permissão para voltar para casa rapidamente, cuja jornada é realizada antes que ele fique cansado?" A vida não é um bem nem um mal: é simplesmente o lugar onde o bem e o mal existem. Por isso, este menino não perdeu nada além de uma aposta onde a chance de perder era mais provável que a de ganhar. Ele poderia ter se tornado sóbrio e prudente, ele poderia, via educação cuidadosa, ter sido moldado ao melhor padrão, mas (e esse medo é mais razoável), ele poderia ter se tornado exatamente como muitos.

13. Observe os jovens da linhagem mais nobre cuja extravagância os jogou na arena,[57] note aqueles homens escravos de suas paixões próprias e as de outros em luxúria mútua, cujos dias nunca passam sem embriaguez ou algum ato vergonhoso, assim será claro para você que havia mais a temer do que a esperar. Por esta razão, você não deve dar desculpas para o sofrimento ou exasperar os ligeiros revezes, indignando-se.

14. Eu não estou exortando você a fazer um esforço e se levantar a grandes alturas, pois a minha opinião sobre você não é tão baixa que me faça pensar que é necessário que invoque todos os seus poderes para enfrentar esse problema que não é dor, é uma mera picada – e é você mesmo quem está transformando isso em dor. Sem dúvida, a filosofia lhe fará bom serviço, se você puder suportar corajosamente a perda de um menino que ainda era melhor conhecido por sua babá do que por seu pai.

15. E então? Quer dizer que agora, neste momento, estaria eu aconselhando você a ter um coração duro, desejando que você mantenha seu semblante imóvel na cerimônia fúnebre e não permitindo que sua alma sinta mesmo uma pitada de dor? De modo algum! Isso significaria insensibilidade e não virtude – participar da cerimônia de enterro daqueles próximos e queridos com a mesma expressão que você vê suas formas vivas e não mostrar nenhuma emoção pela primeira privação de seus familiares. Ainda assim, suponha que eu proíba você de mostrar emoção, há certos sentimentos que reivindicam seus direitos próprios. As lágrimas caem, não importa como tentamos controlá-las e, sendo derramadas, aliviam a alma.

16. O que, então, devemos fazer? Deixe-nos permitir que caiam, mas não as ordenemos a fazê-lo, deixe-as, de acordo com a emoção, inundar os nossos olhos, mas não como a mera atuação. Deixe-nos, de fato,

não adicionar nada ao sofrimento natural, nem o aumentar seguindo o exemplo dos outros. A exibição do sofrimento faz mais demandas do que o próprio sofrimento. Como poucos homens estão tristes em sua própria companhia! Eles lamentam mais alto para serem ouvidos, pessoas, que reservadas e silenciosas quando sozinhas, são induzidas a novos acessos de lágrimas quando veem outras perto delas! Nessas ocasiões, elas se debatem, embora pudessem fazer isso com mais facilidade se ninguém estivesse presente para controlá-las, nessas ocasiões elas rezam pela morte, nessas ocasiões elas se revolvem em seus leitos. Mas seu sofrimento afrouxa com a saída dos espectadores.

17. Neste assunto, como em outros também, cometemos a falha de nos ajustar ao padrão dos muitos e de atuarmos de acordo com o que é convencional e não com o que é certo. Nós abandonamos a natureza e nos rendemos à multidão, que nunca é boa conselheira em nada e, a este respeito, como em todos os outros, é modelo de inconstância. As pessoas veem um homem que sofre seu sofrimento com bravura: o chamam de desalmado e selvagem; elas veem um homem que colapsa e se agarra aos seus mortos: o chamam de afeminado e fraco.

18. Tudo, portanto, deve ser baseado na razão. Mas nada é mais tolo do que cortejar uma reputação de tristeza e sancionar lágrimas, pois eu acredito que, em um homem sábio, algumas lágrimas caem por consentimento, outras por sua própria força. Eu vou explicar a diferença da seguinte maneira: quando a primeira notícia de alguma grave perda nos choca, quando abraçamos o corpo que em breve passará de nossos braços para as chamas funerárias, então as lágrimas são expelidas de nós pela necessidade da natureza. E a força vital, ferida pelo golpe de tristeza, sacode o corpo inteiro e também os olhos que, pressionados, fazem fluir a umidade que neles se encontra.

19. Lágrimas como essas caem por um processo próprio, processo esse involuntário, mas diferentes são as lágrimas que permitimos escapar quando meditamos em memória daqueles que perdemos. E há nelas certa tristeza quando lembramos o som de uma voz agradável, uma conversa cordial e os afazeres de outrora, em tal momento os olhos se afrouxam, por assim dizer, com alegria. A esse tipo de lágrimas nos entregamos, já o primeiro tipo nos subjuga.

20. Não há, portanto, somente porque um grupo de pessoas está em sua presença ou sentado ao seu lado, nenhum motivo para você segurar ou derramar suas lágrimas, sejam elas impedidas ou derramadas, elas nunca são tão vergonhosas como quando fingidas. Deixe-as fluir naturalmente. Mas é possível que as lágrimas fluam dos olhos daqueles que estão quietos e em paz. Elas costumam fluir sem prejudicar a influência do sábio, com tanta restrição que elas não mostram nenhuma carência de sentimento ou autorrespeito.

21. Podemos, asseguro-lhe, obedecer à natureza e ainda manter a nossa dignidade. Vi homens dignos de reverência, durante o enterro daqueles próximos e queridos, com semblantes sobre os quais o amor foi escrito, claro, mesmo depois que todo o aparato do luto foi removido e que não mostrou outra conduta do que aquela de verdadeira emoção. Há uma graciosidade mesmo no sofrimento. Isso deve ser cultivado pelo sábio, mesmo em lágrimas; assim como em outros assuntos também, há certa suficiência, é com o imprudente que tanto as dores quanto as alegrias transbordam.

22. Aceite com um espírito sereno o que é inevitável. Por acaso lhe aconteceu algo inacreditável, extraordinário? Ou que seja inédito? Quantos homens neste momento estão fazendo arranjos para funerais! Quantos estão comprando roupas de luto! Quantos estão chorando, quando você mesmo encerrou seu luto! Tão frequentemente quanto você reflete sobre a perda de seu filho, reflita também sobre o homem, que não tem nenhuma promessa segura de nada, a quem a Fortuna não acompanha inevitavelmente os confins da velhice, mas deixa-o ir apenas até qualquer ponto que julga adequado.

23. Você pode, no entanto, falar com frequência sobre os falecidos e celebrar sua memória na medida do possível. Essa memória irá retornar a você com mais frequência se você receber sua chegada sem amarguras, pois ninguém gosta de conversar com alguém que é triste e muito menos com a própria tristeza. As conversas dele, as brincadeiras de infância que fazia, se você as escutava com prazer, relembre delas frequentemente, afirme com decisão que ele poderia ter realizado todas as esperanças que você concebeu em seu espírito paterno.

24. De fato, esquecer os amados mortos, enterrar a memória junto com seus corpos, encharcá-los com lágrimas e depois deixar de pensar neles: essa é a marca de uma alma inferior à do homem. Pois é assim que os pássaros e as bestas amam seus jovens, seu afeto é rapidamente despertado e quase atinge loucura, mas esfria totalmente quando seu objeto morre. Essa qualidade não beneficia um homem de bom senso. Este deve continuar a lembrar, mas deve deixar de lamentar.

25. E, em nenhum caso, aprovo a observação de Metrodoro, de que há certo prazer inerente à tristeza e que se deve obter esse prazer em momentos como estes. Estou citando as palavras reais de Metrodoro em "Cartas de Metrodoro à irmã": "Há certo prazer que nasce simultaneamente com a dor e que é preciso captar no próprio momento".[58]

26. Não tenho dúvidas sobre quais serão seus sentimentos nesses assuntos, pois o que é mais vil do que "perseguir" o prazer no meio do luto – sim, em luto – e mesmo entre as lágrimas de alguém perseguir o que dará prazer? Estes são os homens que nos acusam de um rigor muito grande, caluniando nossos preceitos por causa da suposta dureza – porque, dizem eles, declaramos que o sofrimento não deve ser colocado na alma, ou então deve ser descartado imediatamente. Mas qual é o mais incrível ou desumano: não sentir nenhum sofrimento pela perda de um amigo ou ir à procura do prazer no meio do sofrimento?

27. O que nós, estoicos, aconselhamos é honrável: quando a emoção provoca um fluxo moderado de lágrimas e, por assim dizer, deixa de efervescer, a alma não deve ser entregue ao sofrimento. Mas o que você quer dizer, Metrodoro, ao afirmar que na grande dor deveria haver uma mistura de prazer? Esse é o método doce para pacificar as crianças, essa é a maneira como acalmamos os gritos dos bebês, derramando leite em suas gargantas! Mesmo no momento em que o corpo do seu filho está na pira, ou seu amigo em seu último suspiro, você não sofrerá a suspensão do prazer, em vez de agradar seu próprio sofrimento com prazer? O que é o mais honrado: remover o sofrimento de sua alma ou admitir o prazer até mesmo na companhia do sofrimento? Eu disse "admitir"? Não, eu quero dizer "perseguir" e também por meio do próprio sofrimento.

28. Metrodoro diz: "Há certo prazer que nasce simultaneamente com a dor". Nós, estoicos, podemos dizer isso, mas você não pode. O único bem que você reconhece é o prazer e o único mal, a dor. Que relação pode haver entre um bem e um mal? Mas suponha que tal relação exista; agora, a todo tempo, deveria ser descartada? Devemos examinar o sofrimento também e ver com que elementos de deleite e prazer está rodeado?

29. Certos remédios, que são benéficos para algumas partes do corpo, não podem ser aplicados a outras partes porque a estas são, de certa forma, irritantes e impróprios. O que, em certos casos, funcionaria para um bom propósito sem qualquer prejuízo ao respeito próprio, pode tornar-se impróprio por causa da situação da ferida. Você também não ficaria envergonhado de curar a tristeza com o prazer? Não, este ponto dolorido deve ser tratado de forma mais drástica. Isto é o que você deve recomendar de preferência: que nenhuma sensação de mal pode alcançar alguém que esteja morto, pois se pode alcançá-lo, ele não está morto.

30. E eu digo que nada pode machucar aquele que é tão insignificante, pois se um homem pode ser ferido, ele está vivo. Você acha que ele está mal porque ele não existe mais ou porque ele ainda existe como alguém? E, no entanto, nenhum tormento pode vir a ele pelo fato de não existir mais, pois que sentimento pode pertencer a alguém que não existe? Tampouco do fato de que ele existe, pois ele escapou da maior desvantagem que a morte tem em si, ou seja, a inexistência.

31. Digamos, portanto a um homem que chora com saudades de um filho arrebatado na primeira infância: no que concerne à brevidade da existência, todos nós, jovens ou velhos, em comparação com o universo, estamos em pé de igualdade. O que nos cabe de toda a sucessão dos tempos é menos que uma ínfima parte, porque uma parte, mesmo ínfima, é uma parte, enquanto o tempo da nossa vida é praticamente nada. E ainda assim, ó loucura humana, que planos grandiosos nós fazemos para esta nulidade que é a existência!

32. Estas palavras que eu escrevi para você, não com a ideia de que você deva esperar de mim uma cura em uma data tão tardia – pois é claro para mim que você se contou tudo o que vai ler na minha carta – mas com a ideia de que eu deveria repreendê-lo, mesmo pelo leve atraso durante o qual você regrediu de seu verdadeiro ser e que eu deva encorajá-lo para o futuro, despertar seu espírito contra a Fortuna e ficar atento a todos os seus golpes, não como se eles fossem possíveis, mas como se fossem inevitáveis e certos de chegar.

Mantenha-se Forte. Mantenha-se Bem.

VIII.
SOBRE OS ESCRITOS DE FABIANO

Saudações de Sêneca a Lucílio.

01. Você me escreve que leu com a maior disposição o trabalho de Papirio Fabiano[59] intitulado "Os deveres de um cidadão" e que não atingiu suas expectativas; então, esquecendo que você está lidando com um filósofo, você procede a criticar seu estilo de escrita. Suponha agora, que sua afirmação seja verdadeira – que ele derrame, em lugar de colocar suas palavras. Deixe-me, no entanto, desde o início, dizer-lhe que esta característica da qual você fala tem um charme peculiar e que é uma graça apropriada para um estilo de suave compreensão. Pois, eu mantenho, é importante se o texto tropeça ou flui. Além disso, há também certa deferência a este respeito, como eu deixarei claro para você:

02. Fabiano parece-me não "verter" palavras mas sim ter um "fluxo", deixa as palavras fluírem. Tão abundante é, sem confusão, e ainda não sem velocidade.[60] Isto é, de fato, o que seu estilo declara e anuncia: que ele não passou muito tempo trabalhando o assunto e retocando-o. Mas mesmo supondo que os fatos sejam como você diz, o homem está construindo caráter em vez de palavras e está escrevendo essas palavras mais para a mente do que para os ouvidos.

03. Além disso, se ouvisse ele lendo o próprio texto você não teria tido tempo para considerar os detalhes – todo o trabalho lhe teria entusiasmado. Por regra geral, o que satisfaz pela rapidez é de menor valor quando tomado em consideração para a leitura. No entanto, essa mesma qualidade, de atrair à primeira vista, é uma grande vantagem, não importa se uma investigação cuidadosa pode descobrir algo a criticar.

04. Se você me perguntar, devo dizer que aquele que arrebata a aprovação é maior do que aquele que a merece; e ainda sei que o último é mais seguro, eu sei que ele pode dar garantias mais confiantes para o futuro.

Uma maneira meticulosa de escrever não se adequa ao filósofo, se ele é tímido quanto às palavras, quando será valente e firme? Quando realmente mostrará seu valor?

05. O estilo de Fabiano não era negligente, mas assegurado. É por isso que você não encontrará nada de qualidade inferior em seu trabalho: suas palavras são bem escolhidas e mesmo assim não são caçadas. Elas não são artificialmente inseridas e invertidas, de acordo com a moda atual, mas possuem distinção, mesmo que elas sejam distantes do discurso mais vulgar. Lá você tem ideias honestas e esplêndidas, não encadeadas em aforismos, mas faladas com maior liberdade. Devemos, naturalmente, notar passagens que não são suficientemente podadas, não construídas com cuidado suficiente e que não possuem o esmalte que está em voga hoje em dia. Mas depois de considerar o todo você verá que não encontraremos futilidades nem obscuridades resultantes do excesso de concisão.

06. Pode ser, sem dúvida, que não haja nenhuma variedade de mármores, nenhum abastecimento de água corrente de um apartamento para outro, nenhum "quarto pobre",[61] ou qualquer outro dispositivo que o luxo acrescente quando insatisfeito com encantos simples; mas é, sim, aquilo que chamamos de "uma boa casa para se viver". Além disso, as opiniões variam em relação ao estilo. Alguns desejam que ele seja polido de toda aspereza e alguns tomam um grande prazer na maneira abrupta que intencionalmente qualquer passagem se rompe, e então se espalha mais suavemente, dispersando as palavras finais de tal forma que as frases possam soar inesperadas.

07. Leia Cícero: seu estilo tem unidade, ele se move com um ritmo modulado e é gentil sem ser afeminado. O estilo de Asínio Polião,[62] por outro lado, é "acidentado", brusco, parando quando você menos espera.[63] E, finalmente, Cícero sempre termina de forma gradual; enquanto Polião se interrompe, exceto nos poucos casos em que ele cliva em um ritmo definido, aliás sempre de um único padrão.

08. Além disso, você diz que tudo em Fabiano parece-lhe comum e sem elevação, mas eu considero que ele é livre dessa culpa. Pois esse estilo seu não é comum, mas simplesmente calmo e ajustado à sua mente pacífica e bem ordenada – não em um nível baixo, mas em um plano uniforme. Falta a verve e os grandes rasgos de orador (os quais você está procurando) e um choque súbito de epigramas.[64] Mas olhe, por favor, em todo o trabalho, quão bem ordenado é: há uma distinção nele. Seu estilo talvez não possua, mas sugere, dignidade.

09. Mencione alguém a quem você possa classificar antes de Fabiano. Cícero, digamos, cujos livros sobre filosofia são quase tão numerosos como os de Fabiano. Concordo com este ponto, mas não é pouco ser menos do que o maior. Ou Asínio Polião, digamos. Eu vou me render novamente e me contento respondendo: "É uma distinção ser o terceiro em tão grande campo". Você também pode incluir Tito Lívio,[65] pois Lívio escreveu os diálogos que devem ser classificados como história e obras que declaradamente lidam com a filosofia. Eu também cederei no caso de Lívio. Mas considere quantos escritores Fabiano ultrapassa, se ele é superado apenas por três, e esses três são os maiores mestres da eloquência!

10. Mas, pode-se dizer, ele não oferece tudo: embora seu estilo seja elevado, não é forte; embora ele venha em profusão, falta força e envergadura; não é translúcido, mas é lustroso. "Alguém iria falhar", você insiste, "em encontrar nele qualquer crítica dura ao vício, quaisquer palavras corajosas diante do perigo, qualquer desafio orgulhoso da Fortuna, quaisquer ameaças desdenhosas contra o egoísmo. Desejo ver o luxo repreendido, a luxúria condenada, o capricho esmagado. Deixe-o nos mostrar o entusiasmo pela oratória, a beleza da tragédia, a sutileza da comédia". Você deseja que ele confie na menor das coisas, fraseologia; mas ele jurou fidelidade à grandeza de seu assunto e carrega a eloquência atrás dele como uma espécie de sombra, mas não como propósito primário.

11. Nosso autor, sem dúvida, não investigará todos os detalhes, nem submeterá à análise, nem inspecionará e enfatizará cada palavra separada. Isso eu admito. Muitas frases ficam aquém, ou deixam de atingir o alvo e, às vezes, o estilo é indolente; mas há muita luz ao longo do trabalho. Existem longos trechos que não cansam o leitor. E, finalmente, ele oferece essa qualidade de deixar claro o que ele quis dizer ao escrever, e o escreveu de coração. Percebe-se que ele agiu assim para o leitor saber o que agradava *a ele*, e não para ele agradar ao leitor. Todo o seu trabalho visa progresso moral e sabedoria, sem qualquer busca de aplausos.

12. Não duvido que seus escritos sejam do tipo que descrevi, embora eu esteja me recordando deles em vez de manter uma lembrança certa, e embora o tom geral de seus escritos permaneça na minha mente, não devido à leitura cuidadosa e recente, mas em esboço, como é natural de um conhecimento antigo. Contudo, certamente, sempre que o ouvi dar uma palestra pareceu-me o trabalho dele não apenas sólido, mas completo, o tipo que inspiraria os jovens de talento e despertaria a ambição de se tornarem como ele, sem fazê-los sem esperança de superá-lo; e esse método de encorajamento me parece o mais eficaz de todos. Pois é desanimador inspirar em um homem o desejo da emulação e tirar-lhe a esperança. De qualquer forma, sua escrita era fluente e, embora não fosse possível aprovar todos os detalhes, o efeito geral era nobre.

Mantenha-se Forte. Mantenha-se Bem.

IX.
SOBRE A FUTILIDADE DO PLANEJAMENTO PRÉVIO

Saudações de Sêneca a Lucílio.

01. Todos os dias e todas as horas revelam-nos quão pouco somos e nos lembram, com uma nova evidência, de que nos esquecemos das nossas fraquezas e fragilidades; então, enquanto planejamos a eternidade, eles nos obrigam a olhar a morte sobre nossos ombros. Você me pergunta o que significa esse preâmbulo? Refere-se a Cornélio Sinésio, um equestre romano distinto e capaz que você conheceu. De origem humilde, ele atingiu o grande sucesso, e o resto do caminho já se mostrava fácil diante dele. Pois é mais fácil crescer em dignidade social do que começar a ascensão.

02. E o dinheiro é muito lento para chegar onde há pobreza; até que possa fugir dela, vai hesitante, mas quando ultrapassa um pouco esse nível, nunca mais para. Sinésio já estava ao lado da riqueza, ajudado nessa direção por dois ativos muito poderosos: saber como ganhar dinheiro e como conservá-lo também, pois qualquer um desses dois poderia ter feito dele um homem rico.

03. Aqui estava uma pessoa que vivia muito simplesmente, cuidadoso com a saúde e riqueza. Ele, como de costume, me visitou no início da manhã e então passou o dia inteiro, até o anoitecer, à beira do leito de um amigo que estava séria e irremediavelmente doente. Depois de um jantar confortável, de repente, ele foi apanhado por um agudo ataque de angina e, com a respiração firmemente bloqueada por sua garganta inchada, mal viveu até o amanhecer. Então, dentro de poucas horas depois de cumprir todos os deveres de um homem sadio e saudável, ele caiu morto!

04. Aquele que estava aventurando investimentos por terra e mar, que também entrara na vida pública e não deixara nenhum tipo de negócio sem ser testado, durante a própria realização do sucesso financeiro e durante a própria investida dos bens pecuniários aos seus cofres, foi arrebatado deste mundo!

> Enxerte agora as suas peras, Meliboeus, e ponde suas videiras em ordem!
>
> Insere nunc, Meliboee, piros, pone ordine vites.[66]

Mas quão tolo é delimitar e fazer planos para uma longa vida, quando nem sequer se é proprietário do dia seguinte! Que loucura é traçar esperanças de grande alcance! Dizer: "Vou comprar e construir, emprestar a juros e receber dinheiro, ganhar títulos de honra e, então, velho e cheio de anos, vou me entregar a uma vida privada para estudos estando bem provido".

05. Acredite em mim quando digo que tudo é duvidoso, mesmo para aqueles que são prósperos. Ninguém tem o direito de desenhar para si mesmo seu futuro. Aquilo que nós seguramos desliza através de nossas mãos e a sorte nos corta exatamente na hora que estamos com estoque cheio. O tempo escoa por lei racional, mas na escuridão para nós; e o que significa para mim saber que o curso da natureza é certo, quando o meu é incerto?

06. Planejamos viagens distantes e adiamos o retorno depois de percorrer costas estrangeiras, planejamos o serviço militar e as recompensas lentas de campanhas difíceis, buscamos poder e as promoções de um cargo a outro e, ao mesmo tempo, a morte está ao nosso lado. Mas como nunca pensamos nisso, a não ser que afete ao nosso próximo, os casos de morte nos pressionam dia a dia, para permanecer em nossa mente apenas enquanto despertam nossa surpresa.

07. No entanto, o que é mais tolo do que nos admirar que algo que pode acontecer todos os dias aconteceu um dia? Existe de fato um limite fixado para nós, exatamente onde a lei sem remorso do destino o colocou, mas nenhum de nós sabe o quão perto se está desse limite. Portanto, deixe-nos agir como se tivéssemos chegado ao fim. Não adiemos nada, deixe-nos acertar a conta da vida todos os dias.

08. A maior falha na vida é que está sempre imperfeita, a se completar, e que certa parte dela é adiada. Aquele que diariamente coloca os toques finais de sua vida nunca está com falta de tempo. E, no entanto, a partir desse desejo surge o medo e a ânsia de um futuro que destrói a alma. Não há mais miserável situação do que vir a esta vida sem se saber qual o rumo a seguir nela; o espírito inquieto debate-se com o inelutável receio de saber quanto e como ainda nos resta para viver, nossas almas perturbadas são colocadas em um estado de medo inexplicável.

09. Como, então, devemos evitar essa ansiedade? Há apenas um jeito, que a nossa vida não se projete para o futuro, mas se concentre em si mesma. Só sente ansiedade pelo futuro aquele cujo presente é vazio. Pois só está preocupado com o futuro aquele a quem o presente não é satisfatório. Mas quando eu pago à minha alma o devido, quando uma mente equilibrada sabe que um dia não difere da eternidade, seja qual for o dia ou o problema que o futuro possa trazer, nesse caso a alma se destaca em alturas elevadas e ri sinceramente para si mesma quando pensa na sucessão interminável dos tempos. Pois quais distúrbios podem resultar da mudança e da instabilidade da Fortuna, se nós estivermos firmes perante a instabilidade?

10. Portanto, meu querido Lucílio, comece imediatamente a viver e conte cada dia separado como sendo uma vida separada. Aquele que assim se preparou, aquele cuja vida cotidiana tenha sido um todo arredondado, está tranquilo em sua mente; aquele que vive de esperanças, pelo contrário, mesmo o dia seguinte lhe escapa, e depois vem a avidez de viver e o medo de morrer, medo desgraçado, e que mais não faz do que desgraçar tudo. Daí veio aquela oração mais degradada, na qual Mecenas não se recusa a sofrer fraqueza, deformidade e, como clímax, até mesmo a dor da crucificação apenas para que prolongasse o sopro da vida em meio a esses sofrimentos:[67]

11. Faça-me fraco na mão, fraco com pé mancando,	Debilem facito manu, debilem pede coxo,
Imponha uma corcunda inchada, afrouxe meus dentes instáveis;	Tuber adstrue gibberum, lubricos quate dentes ;
Enquanto exista vida, estou bem; mantenha-me indo	Vita dum superest, benest; hanc mihi, vel acuta
Mesmo que eu, à dura cruz, fique empalado.	Si sedeam cruce, sustine.

12. Lá está ele, orando por aquilo que, se tivesse sucedido a ele, seria a coisa mais lamentável do mundo! E buscando um adiamento do sofrimento, como se estivesse pedindo por vida! Deveria considerá-lo mais desprezível se desejasse viver até o momento da crucificação: "Não!", ele chora, "você pode enfraquecer meu corpo somente se deixar o sopro de vida na minha carcaça maltratada e ineficaz! Mutile-me se quiser, mas permita-me, disforme e deformado como eu estou, apenas um pouco mais de tempo no mundo! Você pode me pregar e colocar meu lugar na cruz lancinante!". Vale a pena aturar a própria ferida e manter-se empalado sobre um pelourinho, que só pode adiar algo que é o bálsamo dos problemas, o fim da punição? Vale a pena tudo isso apenas para possuir o sopro de vida que finalmente deverá ser entregue?

13. O que você pediria para Mecenas, a não ser a indulgência dos deuses? O que ele quer dizer com versos tão afeminados e indecentes? O que ele quer dizer ao contemporizar com tal medo? O que ele quer dizer com mendigar vil à vida? Ele nunca ouviu Virgílio ler as palavras:

| Diga-me, a morte é tão miserável quanto isso? | Usque adeone mori miserum est ?[68] |

Ele pede o clímax do sofrimento e – o que é ainda mais difícil de suportar – prolongamento e extensão do sofrimento. E o que ele ganha desse modo? Simplesmente o benefício de uma existência mais longa. Mas que tipo de vida é uma morte vagarosa?

14. Pode ser encontrado quem prefira consumir-se por dor, morrer membro por membro ou deixar a vida esvair gota por gota, em vez de expirar de uma vez por todas? Pode alguém ser encontrado disposto a ser preso à árvore amaldiçoada,[69] há muito doente, já deformado, inchado com tumores no peito e nos ombros e respirando a vida em meio a uma agonia prolongada? Eu acho que teria muitas desculpas para morrer mesmo antes de montar a cruz! Negue agora se puder, que a natureza é muito generosa ao tornar a morte inevitável.

15. Muitos homens estão preparados para entrar em pechinchas ainda mais vergonhosas: trair amigos para viver mais ou voluntariamente aviltar seus filhos e, assim, aproveitar a luz do dia que é testemunha de todos os seus pecados. Devemos nos livrar desse desejo de vida e aprender que não faz diferença quando o seu sofrimento vem, porque em algum momento você é obrigado a sofrer. O ponto não é quão longamente você vive, mas quão nobremente você vive. E, muitas vezes, essa vida nobre significa que você não poderá viver por muito tempo.

Mantenha-se Forte. Mantenha-se Bem.

X.
SOBRE AS INDICAÇÕES DE NOSSA IMORTALIDADE

Saudações de Sêneca a Lucílio.

01. Assim como um homem é importuno quando desperta um sonhador de seus sonhos agradáveis – pois ele está arruinando um prazer que pode ser irreal, mas, no entanto, tem a aparência da realidade –, da mesma maneira sua carta me causou ruptura. Pois me trouxe de volta abruptamente, absorvido que estava em uma meditação agradável e pronto para prosseguir se tivesse sido permitido.

02. Estava prazerosamente investigando a imortalidade da alma ou melhor, pelos deuses, acreditando nessa doutrina! Pois eu estava dando crédito às opiniões dos grandes autores, que não só aprovam, mas prometem essa condição agradável. Eu estava me entregando a uma esperança tão nobre, pois eu já estava cansado de mim, começando a desprezar os fragmentos da minha existência aniquilada e sentindo que estava destinado a passar para a infinidade do tempo e na herança da eternidade, quando de repente fui despertado pelo recebimento de sua carta e perdi meu lindo sonho. Mas, assim que eu puder me liberar de você, eu vou tentar rememorar minha linha de pensamento e salvá-la.

03. Havia uma observação, no início da sua carta, de que eu não havia explicado todo o problema ao tentar provar uma das crenças da nossa escola, que a reputação adquirida após a morte é um bem, pois não resolvi o problema com o qual geralmente somos confrontados: "Nenhum bem resulta de soluções de continuidade, mas a reputação é constituída por uma solução de continuidade".

04. O que você está perguntando, meu querido Lucílio, pertence a outro tópico do mesmo assunto e foi por isso que adiei os argumentos, não só sobre esse tópico, mas também em outros tópicos que abordaram o mesmo fundamento. Pois, como você sabe, certas questões lógicas são misturadas com questões éticas. Consequentemente, lidei com a parte essencial do assunto que tem a ver com a conduta moral[70] – ou seja, se é tolo e inútil se preocupar com o que está além do nosso último dia, ou se nossos bens morrem com a gente e não resta mais nada daquele homem que cessou de existir, ou ainda se, de uma coisa que nós não perceberemos quando ela suceder, é possível, antes que suceda, perceber ou ambicionar o que ela possa valer.

05. Todas essas coisas têm uma visão moral as conduzindo e, portanto, foram inseridas sob o tópico apropriado. Mas as observações dos dialéticos em oposição a essa ideia tiveram que ser peneiradas e, portanto, foram deixadas de lado. Agora que você exige uma resposta para todas elas, eu examinarei todas as suas afirmações em bloco e depois as refutarei individualmente.

06. A menos que eu faça uma observação preliminar, será impossível entender minhas refutações. E qual é essa observação preliminar? Simplesmente isto: existem certos corpos contínuos, como um homem; existem certos corpos compostos, como navios, casas e tudo o que é o resultado da união de partes separadas em uma soma total. Existem certos outros constituídos por coisas distintas, cada membro permanecendo separado – como um exército, uma população ou um senado – pois as pessoas que constituem tais corpos estão unidas em virtude de lei ou função, mas, por sua natureza, são distintas e individuais. Bem, quais outras observações preliminares ainda desejo fazer?

07. Simplesmente isso: acreditamos que nada é bom, se for composto de coisas distintas. Pois um único bem deve ser enquadrado e controlado por uma única alma, e a qualidade essencial de cada bem individual deve ser única. Isso poderia ser provado quando você desejar, entretanto, mesmo assim, teve que ser posto de lado, porque nossas próprias armas estão sendo usadas contra nós.

08. Os adversários falam assim: "Você diz que nenhum bem pode ser composto de coisas que são distintas? No entanto, essa reputação da qual você fala é simplesmente a opinião favorável dos homens de bem. Assim como a reputação não consiste em observações de uma pessoa e como uma má reputação não consiste na desaprovação de uma pessoa, tal renome não significa que apenas agradamos a uma pessoa boa. Para se constituir em renome, é necessário o acordo de muitos homens dignos e louváveis. Isso resulta da decisão de um número – em outras palavras, de pessoas que são distintas. Portanto, a reputação não é um bem".

09. A segunda objeção diz, novamente: "A reputação é o louvor dado a um homem bom por homens de bem. Louvor significa fala: agora a fala é um enunciado com um significado particular e uma expressão, mesmo dos lábios dos homens de bem, não é um bem em si. Pois qualquer ato de um bom homem não é necessariamente bom, ele grita seus aplausos e silva sua desaprovação, mas não se chama o grito ou a vaia de bens, mesmo que sua conduta possa ser admirada e louvada – não mais do que alguém poderia aplaudir um espirro ou uma tosse. Portanto, a reputação não é um bem".

10. "Finalmente, diga-nos se o bem pertence àquele que louva ou a quem é louvado: se você diz que o bem pertence a quem é louvado, você estaria em um caminho tolo como se dissesse que é minha a boa saúde do meu vizinho. Mas louvar homens dignos é uma ação honrosa; assim, o bem é exclusivamente do homem que faz o louvor, do homem que realiza a ação, e não de nós, que estamos sendo louvados. E, no entanto, essa é a questão em discussão, que você quer provar."

11. Devo agora responder apressadamente às distintas objeções. A primeira pergunta ainda é, se qualquer coisa boa pode consistir em coisas distintas – e há votos emitidos nos dois lados. Mais uma vez, a reputação precisa de muitos votos? A reputação pode ser satisfeita com a decisão de um único homem de bem: é um bom homem que decide que somos homens de bem.

12. Então a réplica é: "O quê! Você definiu a reputação como a estima de um indivíduo e a má reputação como a conversa fiada rancorosa de um único homem? Glória, também, levamos a ser mais generalizada, pois exige o acordo de muitos homens". Mas a posição dos muitos é diferente daquela de um. E por quê? Porque se o bom homem pensa bem de mim, isso equivale praticamente a ser bem pensado por todos os homens bons; pois todos vão pensar o mesmo, se eles me conhecerem. O seu julgamento é semelhante e idêntico. O efeito da verdade é igual. Eles não podem discordar, o que significa que eles necessariamente manteriam a mesma visão, não podendo manter juízos diferentes.

13. "A opinião de um homem", você diz, "não é suficiente para criar glória ou renome". No primeiro caso, um julgamento é uma ponderação universal porque todos, se lhes fosse pedido, teriam uma única opinião; no outro caso, no entanto, homens de caráter diferente dão juízos divergentes. Você encontrará emoções desconcertantes – tudo duvidoso, inconstante, não confiável. E você pode supor que todos os homens são capazes de manter uma opinião? Até mesmo um indivíduo não mantém uma única opinião. Com o bom homem é a verdade que causa a crença, e a verdade tem apenas uma função e uma semelhança; enquanto na segunda classe de que falei, as ideias com as quais eles concordam são infundadas. Além disso, aqueles que são falsos nunca são firmes: são irregulares e discordantes.
14. "Mas o louvor", diz o objetor, "não é senão um enunciado e um enunciado não é um bem." Quando eles dizem que o renome é o louvor concedido ao bem pelo bem, o que eles referem não é um enunciado, mas um julgamento. Pois um bom homem pode permanecer em silêncio; mas se ele decide que certa pessoa é digna de louvor, essa pessoa é objeto de louvor.
15. Além disso, o louvor é uma coisa, e discurso laudatório é outra. O último exige um enunciado também. Portanto, ninguém fala de "um louvor fúnebre", mas diz "discurso laudatório" – pois sua função depende da fala. E quando dizemos que um homem é digno de louvor, asseguramos haver bondade nele, não em palavras, mas em julgamento. Portanto, a boa opinião, mesmo de alguém que em silêncio sente aprovação interior de um homem bom, é louvor.
16. Mais uma vez, como eu disse, o louvor é uma questão de alma e não de discurso; pois a fala traz o louvor que a mente concebeu e publica-o à atenção dos muitos. Pois julgar um homem digno de louvor é louvá-lo. E quando nosso trágico poeta nos canta que é maravilhoso "ser louvado por um herói muito louvado", ele quer dizer, "por alguém digno de louvor". Mais uma vez, quando um bardo igualmente venerável diz: "Louvor dá vida às artes", ele não significa dar louvor, pois isso prejudica as artes. Nada tem corrompido oratória e todos os outros estudos que dependem de ouvir tanto quanto a aprovação popular.
17. A reputação exige necessariamente palavras, mas a glória pode se contentar com os julgamentos dos homens e é suficiente sem a palavra

falada. É satisfeita não só em aprovação silenciosa, mas mesmo diante de protestos abertos. Existe, na minha opinião, essa diferença entre reputação e glória – a última depende dos julgamentos dos muitos; mas a reputação, dos julgamentos de homens de bem.

18. A réplica vem: "Mas de quem é o bem deste renome, esse louvor prestado a um homem bom por homens bons? É de quem é louvado por alguém ou de quem louva?" Dos dois, eu digo. É meu próprio bem, porque sou louvado, porque naturalmente nasço para amar todos os homens e me alegro por ter feito boas ações e me felicito por eu ter encontrado homens que expressam suas ideias de minhas virtudes com gratidão; que eles sejam gratos, é um bem para muitos, mas também é um bem para mim. Pois o meu espírito está assim ordenado, que posso considerar o bem dos outros homens como meus – em qualquer caso, aqueles de cujo bem eu sou a causa.

19. Este bem é também o bem daqueles que fazem o louvor, pois é aplicado por meio da virtude. E todo ato de virtude é um bem. Meus amigos não poderiam ter encontrado essa bênção se eu não tivesse sido um homem de estampa correta. É, portanto, uma boa pertença a ambos os lados – o que é louvado quando se merece – tão verdadeiramente quanto uma boa decisão é o bem daquele que toma a decisão e também daquele a favor de quem a decisão foi tomada. Você duvida de que a justiça seja uma bênção para o seu possuidor, bem como para o homem a quem o louvor devido foi pago? Louvar o merecedor é a justiça, portanto, o bem pertence a ambos os lados.

20. Esta será uma resposta suficiente para esses comerciantes em sutilezas. Mas não deve ser nosso propósito discutir as coisas com inteligência e arrastar a filosofia de sua majestade a jogos de palavras tão insignificantes. Quão melhor é seguir a estrada aberta e direta, em vez de planejar uma rota tortuosa que você deve retraçar com problemas infinitos! Pois tal argumentação nada mais é do que o esporte de homens que habilmente fazem malabarismos uns com os outros.

21. Diga-me quão de acordo com a natureza é permitir que a mente atinja o universo ilimitado! A alma humana é uma coisa grande e nobre, não permite limites, exceto aqueles que podem ser compartilhados até mesmo com deuses. Em primeiro lugar, não dá anuência a lugar de nascimento,

como Éfeso ou Alexandria ou qualquer terra que seja ainda mais densa ou ricamente povoada do que estas. A pátria da alma é todo o espaço que circunda a altura e a largura do firmamento, toda a cúpula arredondada dentro da qual a terra e o mar, dentro do qual o ar que separa o humano do divino também os une e onde todas as estrelas tomam turno em sentinela.

22. Mais uma vez, a alma não suportará uma extensão estreita da existência. "Todas as eras", diz a alma, "são minhas, nenhuma época está fechada para grandes mentes, todo o tempo está aberto para o progresso do pensamento. Quando chegar o dia de separar o celestial de sua mistura terrena, eu vou deixar o corpo aqui onde eu o encontrei e, por minha própria vontade, me entregarei aos deuses. Agora não estou separada deles, mas sou simplesmente detida em uma prisão lenta e terrena."

23. Estes atrasos da existência mortal são um prelúdio para a vida mais longa e melhor. Da mesma forma que o ventre materno nos mantém por nove meses, nos preparando, não para o próprio útero, mas para a existência em que seremos enviados quando finalmente nos preparamos para respirar e viver ao ar livre; assim, ao longo dos anos, estendendo-se entre a infância e a velhice, estamos nos preparando para outro nascimento. Um começo diferente, uma condição diferente, nos aguarda.

24. Ainda não podemos, exceto em intervalos raros, suportar a luz do céu, portanto, olhe para a frente sem temer a hora marcada, a última hora do corpo, mas não da alma. Examine tudo o que reside em você, como se fosse bagagem em um quarto de hotel: você deve viajar. A natureza deixa-lhe tão desnudo na partida quanto como na entrada.

25. Você não pode levar mais do que trouxe, além disso, deve descartar a maior parte do que trouxe com você para a vida: será despojado da própria pele que o cobre, que foi sua última proteção, você será despojado da carne e perderá o sangue que circulou pelo seu corpo, você será despojado de ossos e nervos, a armação dessas partes fracas e transitórias.

26. Aquele dia que você teme como sendo o fim de todas as coisas, é o nascimento de sua eternidade. Por que postergar? Deixe de lado seu fardo, como se você não tivesse deixado previamente o corpo que era o seu esconderijo! Você se agarra ao seu fardo, você luta. No seu nascimento também foi necessário um grande esforço da parte da sua mãe

para libertá-lo. Você chora e lamenta e, no entanto, esse mesmo choro aconteceu no nascimento também. Mas naquela ocasião podia ser desculpado – pois você veio ao mundo inteiramente ignorante e inexperiente. Quando você deixou a proteção calorosa e cuidadosa do útero de sua mãe, um ar mais livre passou em seu rosto, então você estremeceu com o toque de uma mão áspera e olhou com surpresa para objetos desconhecidos, ainda frágil e ignorante de todas as coisas.

27. Mas agora não é novidade ser separado daquilo de que você já fez parte. Deixe seus membros já inúteis com resignação e dispense esse corpo em que você morou por tanto tempo. Será despedaçado, enterrado fora da vista e decomposto. Por que se abater? Isto é o que normalmente acontece: quando nascemos, as secundinas[71] sempre perecem. Por que amar uma coisa como se fosse sua própria posse? Era apenas a sua cobertura. Chegará o dia que irá rompê-la e irá para longe da companhia do ventre desagradável e fétido.

28. Afaste-se disso o máximo que puder e afaste-se do prazer, exceto daqueles que podem estar ligados a coisas essenciais e importantes. Afaste-se disso mesmo agora e reflita sobre algo mais nobre e mais elevado. Algum dia os segredos da natureza serão revelados a você, a névoa será removida de seus olhos e a luz brilhante fluirá em você de todos os lados. Imagine-se o quão grande é o resplendor quando todas as estrelas misturam seus brilhos, nenhuma sombra perturbará o céu limpo. Toda a extensão do céu brilhará uniformemente, pois o dia e a noite são trocados apenas na atmosfera mais baixa. Então você vai dizer que viveu na escuridão, depois de ter visto, em seu estado perfeito, a luz perfeita – aquela luz que agora você vê sombriamente com visão constrangida até o último grau. E, no entanto, tão distante quanto esteja, você já olha para ela com admiração, o que você acha que será a luz celestial quando você a vir em seu próprio âmbito?

29. Esses pensamentos não permitem que nada mesquinho se estabeleça na alma, nada vil, nada cruel. Eles sustentam que os deuses são testemunhas de tudo. Eles nos ordenam encontrar a aprovação dos deuses, nos preparar para nos juntarmos a eles em algum momento futuro e planejar a imortalidade. Aquele que apreendeu essa ideia não retrocede frente a nenhum exército atacante, não é aterrorizado pela trombeta e nem é intimidado por nenhuma ameaça.

30. Um homem que aguarda com expectativa pela morte, não sente medo. Mesmo aquele também, que acredita que a alma permanece somente enquanto for agrilhoada ao corpo, que se dispersa imediatamente após o perecimento,[72] mesmo quem assim pensa e age, pode continuar a ser útil depois de morto. Pois embora seja tirado da visão dos homens, ainda assim,

a grande virtude do herói, a grande nobreza da sua raça continua a viver no nosso espírito.	Multa viri virtus animo multusque recursat Gentis honos.[73]

Considere o quanto somos ajudados pelo bom exemplo; você entenderá assim que a presença de um homem nobre não é menos útil do que sua memória.

Mantenha-se Forte. Mantenha-se Bem.

XI.
SOBRE OS PERIGOS DA ASSOCIAÇÃO COM NOSSOS PRÓXIMOS[74]

Saudações de Sêneca a Lucílio.

01. Por que você está procurando por problemas que talvez possam vir a seu encontro, mas que, de fato, podem não chegar a seu caminho? Quero dizer incêndios, edifícios caindo e outros acidentes do tipo que são meros eventos e não tramas contra nós, sem o propósito deliberado de nos causarem mal. Melhor faria em procurar evitar os perigos reais que nos espreitam na intenção de nos apanhar à traição. Os acidentes, embora possam ser sérios, são poucos e raros – como naufragar ou cair de uma carruagem. Mas é do próximo que vem o perigo cotidiano de um homem. Equipe-se contra isso, vigie isso com um olho atento. Não há nenhum mal mais frequente, nenhum mal mais persistente, nenhum mal mais insinuante.

02. Mesmo a tempestade, antes de se iniciar, dá um aviso; casas trincam antes de caírem; e a fumaça é o precursor do fogo. Mas o dano provocado pelo homem é instantâneo e de quanto mais próximo ele vem, mais cuidadosamente está escondido. Você está errado em confiar na fisionomia daqueles que encontra. Eles têm o aspecto de homens, mas almas de bestas. A única diferença é que os animais selvagens lhe causam dano ao primeiro encontro, aqueles que passaram por nós não voltam para nos perseguir. Pois nada os incita a causar dano, exceto quando a necessidade os obriga: é a fome ou o medo que os instiga a lutar. Mas o homem se delicia em arruinar o homem.

03. Você deve, no entanto, refletir o perigo que corre na mão do homem, para que possa deduzir qual é o seu dever como homem. Evite, em suas relações com os outros, prejudicar, para que não seja prejudicado. Você deve se alegrar com todos em suas alegrias e simpatizar com todos em seus problemas, lembrando-se dos serviços que deve prestar e os perigos que deve evitar.

04. E o que você pode alcançar vivendo uma vida dessas? Não necessariamente a imunidade contra danos, mas pelo menos liberdade de engano; pelo menos consegue que não o tomem por tolo. Dessa forma, quando for capaz, refugie-se na filosofia: ela irá cuidar de você em seu seio e em seu santuário você estará seguro ou, pelo menos, mais seguro do que antes. As pessoas colidem apenas quando viajam pelo mesmo caminho.

05. Mas essa mesma filosofia nunca deve ser alardeada por você; pois a filosofia quando empregada com insolência e arrogância tem sido perigosa para muitos. Deixe-a retirar suas falhas, em vez de ajudá-lo a criticar as falhas dos outros. Não deixe que ela se afaste dos costumes da humanidade, nem faça com que ela condene o que ela mesma não faz. Um homem pode ser sábio sem alarde e sem provocar inimizade.

Mantenha-se Forte. Mantenha-se Bem.

XII.
SOBRE O CUIDADO COM A SAÚDE E A PAZ MENTAL

Saudações de Sêneca a Lucílio.

01. Eu fugi para minha casa em Nomento, por que propósito, você acha? Para escapar da cidade? Não; para livrar-me de uma febre que seguramente estava a caminho do meu organismo. Já se apoderava de mim. Meu médico continuou insistindo que, quando a circulação está irregular, perturbando o equilíbrio natural, a doença está a caminho. Eu, portanto, ordenei que minha carruagem fosse preparada de imediato e insisti em partir, apesar dos esforços de minha esposa, Paulina, para me impedir; pois me lembrei das palavras do meu estimado Gálio,[75] quando ele começou a desenvolver uma febre em Acaia e pegou o navio imediatamente, insistindo que a doença não era do corpo, mas do lugar.

02. Foi o que observei para minha querida Paulina, que sempre pede para que cuide de minha saúde. Eu sei que seu próprio sopro de vida vai e vem com o meu e eu estou começando, em minha solicitude por ela, a ser solícito comigo. E, embora a velhice tenha me deixado corajoso para suportar muitas coisas, gradualmente estou perdendo essa bênção que a idade avançada confere. Pois vem à minha mente que neste velho homem há também um jovem e a juventude precisa de ternura. Portanto, como não posso prevalecer sobre ela para que me ame com mais coragem, ela prevalece sobre mim para me estimular a ser mais cuidadoso.

03. Pois é preciso se entregar a emoções genuínas; às vezes, mesmo apesar de fortes razões, o sopro da vida deve ser chamado de volta e mantido em nossos próprios lábios, mesmo ao preço de grande sofrimento, por causa daqueles que consideramos queridos; porque o homem de bem não deve viver tanto quanto queira, mas tanto quanto deve. Aquele que não valoriza sua esposa ou seu amigo o suficiente para demorar mais na vida, aquele que obstinadamente persiste em morrer, é um sibarita.[76] A alma também deve impor esse comando sobre si sempre que as necessidades dos parentes exigirem; deve deter-se e fazer a vontade daqueles próximos e queridos, não só quando ela deseja, mas mesmo quando começa a morrer.

04. Dá prova de um grande coração ao voltar à vida por causa dos outros. E homens nobres muitas vezes fizeram isso. Mas esse procedimento também, acredito, indica o maior tipo de bondade: que, embora a maior vantagem da velhice seja a oportunidade de ser mais negligente em relação à autopreservação e a usar a vida de forma mais aventurada, deve-se cuidar da velhice com ainda maior cuidado se alguém entender que essa ação é agradável, útil ou desejável aos olhos de uma pessoa amada.

05. Isso também não é uma fonte de alegria mesquinha ou lucro; pois o que é mais encantador do que ser tão valorizado pela esposa que a própria existência se torna mais valiosa para si mesmo por esse motivo? Daí minha querida Paulina é capaz de me tornar responsável, não só por seus medos, mas também pelo meus.

06. Então você tem curiosidade em saber o resultado desta prescrição de viagem? Assim que escapei da atmosfera opressiva da cidade e daquele horrível odor de cozinhas que, quando em uso, derramam uma ruína de vapor e fuligem pestilentos, percebi imediatamente que minha saúde estava se reparando. E quão mais forte você acha que me senti quando cheguei às minhas vinhas! Sendo, por assim dizer, deixado sair para pastar, eu regularmente andei até minhas refeições! Então eu sou o meu "eu antigo" novamente, não sentindo agora nenhum langor no meu sistema ou qualquer letargia em meu cérebro. Estou começando a trabalhar com toda minha energia.

07. Mas o mero lugar ajuda pouco neste propósito, a menos que a mente seja totalmente mestre de si mesma, e possa, a seu gosto, encontrar retiro mesmo em meio a negócios. O homem, no entanto, que sempre está selecionando sítios e buscando tranquilidade, encontrará sempre algo para perturbar sua alma em todos os lugares. Sócrates respondeu, quando certa pessoa se queixou de não ter recebido nenhum benefício de suas viagens: "Isso serve bem a você! Viajou o tempo todo em sua própria companhia!"[77]

08. Oh, que bênção seria para alguns homens se afastarem de si mesmos! Como são, eles causam a si próprios aborrecimento, preocupação, desmoralização e medo! Que lucro há em cruzar o mar e em ir de uma cidade para outra? Se você quer escapar de seus problemas, não precisa de outro lugar, mas de outra personalidade. Talvez você tenha chegado a Atenas, ou talvez a Rodes; escolha qualquer país de que goste, qual a importância de seu caráter? Que importância têm os costumes dessa nova cidade se você leva os próprios para lá?

09. Suponha que você acredite que a riqueza seja um bem: a pobreza então irá angustiá-lo e, o que é mais lamentável, será uma pobreza imaginária. Pois você pode ser rico e, no entanto, porque seu vizinho é mais rico, você se considerará pobre na mesma quantidade em que fica atrás do seu vizinho. Você pode considerar sua posição social como boa; ficará irritado com a nomeação de outra pessoa ao consulado; ficará com ciúmes sempre que ler um nome várias vezes nos registros do Estado. Sua ambição será tão frenética que se considerará o último na corrida se houver alguém na sua frente.

10. Ou você pode considerar a morte como o pior dos males, embora não haja nenhum mal lá, exceto o que precede a chegada da morte – o medo. Você ficará assustado, não só pelo real, mas por perigos imaginados e será lançado para sempre ao mar da ilusão. Que benefício será então

ter passado por tantas cidades, Argos em seu voo pelo meio do inimigo?	evasisse tot urbes Argolicas mediosque fugam tenuisse per hostis ?[78]

Pois a própria paz proporcionará maior apreensão. Mesmo em meio à segurança, você não terá confiança se a sua mente já tiver recebido um choque; uma vez que tenha adquirido o hábito de pânico cego, é incapaz de fornecer mesmo a sua própria segurança. Pois não evita o perigo, mas foge dele. No entanto, estamos mais expostos ao perigo quando viramos as costas.

11. Você pode julgar como o mais grave dos males perder qualquer um dos que você ama; enquanto tudo isso não seria menos insensato do que chorar porque as árvores que atraem seus olhos e adornam sua casa perdem sua folhagem. Considere tudo o que lhe agrada como se fosse uma planta florescente. Aproveite ao máximo enquanto está em folha, pois diferentes plantas em diferentes estações devem cair e morrer. Mas assim como a perda de folhas é uma coisa leve, pois elas nascem de novo, assim também é com a perda daqueles a quem você ama e considera o deleite da sua vida, pois podem ser substituídos mesmo que não possam nascer de novo.

12. "Novos amigos, no entanto, não serão os mesmos." Não, nem você tampouco permanecerá o mesmo, você muda com todos os dias e a cada hora. Mas nos outros homens, você vê mais facilmente o que o tempo saqueia. Em seu próprio caso, a mudança está oculta, porque não ocorre visivelmente. Outros são arrebatados da vista, nós estamos sendo furtivamente afastados de nós mesmos. Você não pensará em nenhum desses problemas, nem aplicará remédios para essas feridas. Você, por sua própria vontade, estará semeando uma safra de problemas por alternância de esperança e desespero. Se você é sábio, misture esses dois elementos: não espere sem desespero, nem se desespere sem esperança.

13. Qual o benefício que a viagem em si mesma já conseguiu dar a qualquer um? Não restringiu o prazer, nem refreou o desejo, nem controlou o mau humor, nem aniquilou os assaltos selvagens da paixão, nem deu a oportunidade de livrar a alma do mal. Viajar não pode nos dar discernimento ou livrar-nos dos nossos erros, apenas mantém nossa atenção por um momento em certa novidade, enquanto as crianças param para se perguntar sobre algo que não é familiar.

14. Além disso, isso nos irrita, através da vacilação de uma mente que sofre de um agudo ataque de enjoo; o próprio movimento o torna mais agudo e inquieto. Daí os pontos que tínhamos procurado mais ansiosamente, deixamos ainda mais ansiosamente, os atravessamos voando como aves, vão-se ainda mais depressa do que vieram.

15. O que a viagem dará é familiaridade com outras nações: ela irá revelar-lhe montanhas de formas estranhas, ou estratos desconhecidos de planície, ou vales que são regados por riachos perenes, ou as características de algum rio que vem à nossa atenção. Observamos como o Nilo sobe e incha no verão, ou como o Tigre desaparece, correndo no subsolo através de espaços escondidos e depois aparece com grande amplidão. Ou

como o rio Meandro,[79] esse assunto repetido e brinquedo de poetas, gira em curvas frequentes e muitas vezes em sinuosas torsões se aproxima de seu próprio canal antes de continuar seu curso. Mas esse tipo de informação não vai fazer de nós homens melhores ou mais saudáveis.

16. Devemos passar nosso tempo no aprendizado e cultivar aqueles que são mestres da sabedoria, estudando algo que foi investigado, mas não resolvido; com isso, a mente pode ser livrada da mais miserável servidão e conquistar sua liberdade. Na verdade, enquanto você ignorar o que deveria evitar ou procurar, ou o que é necessário ou supérfluo, ou o que é certo ou errado, você não estará viajando, mas simplesmente vagando.

17. Não haverá benefício para você nesta corrida de um lado para outro; pois você estará viajando com suas emoções e será seguido por suas aflições. Seguido não! Na realidade, você as está carregando e não as conduzindo. Daí elas pressionam você por todos os lados, continuamente o irritando e desgastando. É por remédio, e não paisagem, o que o doente deve procurar.

18. Suponha que alguém quebrou uma perna ou deslocou uma articulação, ele não embarca para outras regiões, mas ele chama o médico para arrumar o membro fraturado ou para movê-lo de volta ao seu lugar apropriado nas articulações. O que, então? Quando o espírito está quebrado ou arruinado, você acha que essa mudança de lugar pode curá-lo? A enfermidade é muito profunda para ser curada por uma viagem.

19. Viajar não faz um médico ou um orador, nenhuma arte é aprendida simplesmente vivendo em um determinado lugar. Onde está a verdade, então? A sabedoria, a maior de todas as artes, pode ser obtida em uma viagem? Eu lhe asseguro, viaje quanto quiser, nunca poderá estabelecer-se além do alcance do desejo, além do alcance do mau humor ou do alcance do medo; se fosse assim, a raça humana teria se reunido e peregrinado a tal local. Tais males, contanto que carregue com você suas causas, o sobrecarregarão e o preocuparão em suas perambulações sobre terra e mar.

20. Você duvida que não adianta fugir deles? É disso que você está fugindo, daquilo que tem dentro de si. Consequentemente, reforme a si mesmo, tire o peso de seus próprios ombros e mantenha dentro de limites seguros os desejos que devem ser removidos. Limpe sua alma. Se você quiser

aproveitar as suas viagens, faça com que o companheiro de suas viagens seja saudável. Enquanto esse companheiro é avaro e significante, a ganância irá controlar você; e enquanto você se junta a um homem arrogante, suas maneiras autoritárias também estarão próximas. Viva com um carrasco e você nunca se livrará da sua crueldade. Se um adúltero é seu companheiro, ele irá acender as paixões mais vulgares.

21. Se você quer ser despojado de suas falhas, deixe para trás os exemplos de falhas. O avarento, o trapaceiro, o valentão, o sádico, que lhe farão muito mal por estarem perto de você, estão dentro de você. Mude, portanto, para melhores associações: viva com os Catãos, com Lélios, com Tuberão. Ou, se você gosta de viver com os gregos também, passe seu tempo com Sócrates e com Zenão: o primeiro irá mostrar-lhe como morrer se for necessário; o último como morrer antes que a necessidade o imponha.

22. Viva com Crisipo, com Posidônio:[80] eles farão você conhecer as coisas terrenas e as coisas celestiais, eles irão lhe oferecer trabalho árduo sobre algo mais do que certos rebusques de linguagem e frases para o entretenimento dos ouvintes, eles irão lhe oferecer coragem e como crescer frente a ameaças. O único porto protegido das tempestades da sua vida é o desprezo pelo futuro, uma posição firme, uma prontidão para receber os ataques da Fortuna direto no peito, sem se esconder nem virar as costas.

23. A natureza nos trouxe braveza de espírito e, assim como ela implantou em certos animais um espírito de ferocidade, em outros astúcia, em outros terror, da mesma forma ela nos deu um espírito ambicioso e elevado, o que nos leva a buscar uma vida de grande honra, e não da maior segurança, que mais se assemelha à alma do universo, que segue e imita tanto quanto nossas medidas mortais permitem. Este espírito avança em frente, confiante do sucesso e da consideração.

24. É superior a todos, monarca de tudo o que vê; assim não deve ser subordinado a nada, não encontrando nenhuma tarefa muito pesada e nada forte o suficiente para pesar seus ombros, vergar sua energia.

> **Formas temerosas de olhar,**   **Terribiles visu formae**
> **de labuta ou morte;**   **letumque labosque;**[81]

Não são nem um pouco terríveis, se alguém pode olhá-las com um olhar implacável e pode perfurar as sombras. Muitas vistas aterrorizadoras na noite, tornam-se ridículas de dia. "Formas temerosas de olhar, de labuta ou morte", nosso Virgílio disse com excelência que essas formas são temíveis, não na realidade, mas apenas "de olhar" – em outras palavras, elas parecem terríveis, mas não são.

25. E nessas visões, o que há lá, eu pergunto, tão inspirador do medo que o rumor proclamou? Por que, meu querido Lucílio, um homem tem medo de trabalho pesado ou uma implacável morte? Inúmeros casos ocorrem na minha mente de homens que pensam que o que eles mesmos não conseguem fazer é impossível, que afirmam que pronunciamos palavras que são muito grandes para a natureza do homem.

26. Mas quanto mais eu estimo esses homens! Eles podem fazer essas coisas, mas recusam fazê-las. A quem que já tentou, essas tarefas se mostraram falsas? O que já fez o homem, que parecesse fácil de fazer? Nossa falta de confiança não é o resultado da dificuldade. A dificuldade vem da nossa falta de confiança. Não é porque as coisas são difíceis que não ousamos; é porque não ousamos que as coisas são difíceis.

27. Se, no entanto, você deseja um modelo, tome de Sócrates, um ancião que sofreu muito tempo, que foi atacado por todas as dificuldades e ainda assim não foi derrotado pela pobreza (já que seus problemas domésticos se tornaram mais onerosos) e pelo trabalho, incluindo o trabalho árduo do serviço militar. Ele foi muito tentado em casa, se pensarmos em sua esposa, uma mulher de maneiras ásperas e de língua rabugenta ou pelas crianças cuja irascibilidade se mostrou mais como da mãe do que do pai. E se você considerar os fatos, ele viveu em tempo de guerra, sob a tirania e sob democracia, que é mais cruel do que guerras e tiranos.

28. A guerra durou vinte e sete anos; findas as hostilidades o estado tornou-se vítima dos trinta tiranos, dos quais muitos eram inimigos pessoais.[82] Por último, veio o clímax da condenação sob as mais graves acusações: acusaram-no de perturbar a religião do estado e de corromper

a juventude, porque declararam ter influenciado a juventude a desafiar os deuses, desafiar o conselho e desafiar o Estado em geral. Em seguida, veio a prisão e o copo de veneno. Mas todas essas medidas mudaram a alma de Sócrates tão pouco que nem mudaram suas feições. Que distinção maravilhosa e rara! Ele manteve essa atitude até o fim e nenhum homem viu Sócrates eufórico ou deprimido. Em meio a todos os distúrbios da Fortuna, ele não estava perturbado.

29. Você deseja outro caso? Pegue o do Marco Catão, o jovem, a quem a Fortuna tratou de uma forma mais hostil e mais persistente. Mas ele resistiu, em todas as ocasiões, e em seus últimos momentos, no momento da morte, mostrou que um homem corajoso pode viver apesar da Fortuna, pode morrer apesar dela. Toda a sua vida foi passada em guerra civil, ou sob um regime político que logo criaria uma guerra civil. E você pode dizer que ele, tanto quanto Sócrates, declarou lealdade à liberdade em meio à escravidão – a menos que você pense que Pompeu, César e Crasso foram aliados da liberdade!

30. Ninguém jamais viu Catão mudar, não importa a frequência com que a república mudou: ele manteve-se o mesmo em todas as circunstâncias – como pretor, na derrota, sob acusação, na sua província, perante a assembleia, no exército, na morte. Além disso, quando a república estava em uma crise de terror, quando César estava de um lado com dez legiões emboscadas em seu controle, auxiliado por tantas nações estrangeiras; e quando Pompeu estava do outro, satisfeito de ficar sozinho contra todas as pessoas e quando os cidadãos estavam inclinados para César ou Pompeu, Catão sozinho estabeleceu um partido definitivo para a república.

31. Se você obtiver uma imagem mental desse período, você pode imaginar de um lado as pessoas e todo o proletariado ansioso pela revolução; do outro, os senadores e os cavaleiros, os homens escolhidos e honrados da comunidade; e havia entre eles a República e Catão. Eu lhe digo, você ficará maravilhado quando você vir

| O filho de Atreu e Príamo, e Aquiles, inimigo dos dois. | Atriden Priamumque et saevom ambobus Achillen.[83] |

Seguindo Aquiles, Catão acusa um tanto quanto acusa o outro, procura que ambas as facções deponham suas armas.

32. E este é o voto que ele lança a respeito de ambos: "Se César vencer, eu me mato, se Pompeu vencer, eu vou para o exílio". O que temeria quem, seja na derrota ou na vitória, tivesse atribuído a si próprio um destino que poderia ter sido atribuído a ele por seus inimigos em sua maior raiva? Então ele morreu por sua própria decisão.

33. Você vê que o homem pode suportar o trabalho: Catão, a pé, liderou um exército através dos desertos africanos. Você vê que a sede pode ser suportada: ele percorreu colinas cobertas de sol, arrastando os restos de um exército espancado e sem suprimentos, passando por falta de água e vestindo uma armadura pesada. Sempre foi o último a beber das poucas fontes que encontraram. Você vê que a honra e a desonra também podem ser desprezadas: pois relatam que no próprio dia em que Catão foi derrotado nas eleições para a pretura, ele jogou um jogo de bola. Você vê também que o homem pode ser livre do medo de superiores: porque Catão atacou César e Pompeu ao mesmo tempo, em um momento em que ninguém ousou entrar em conflito com um sem se esforçar para agradar o outro. Você vê que a morte pode ser desprezada, bem como o exílio: Catão infligiu o exílio sobre si mesmo e, finalmente, a morte. Entre um e outro, a guerra.

34. E, se apenas estivermos dispostos a retirar nosso pescoço do jugo, podemos manter um coração tão forte contra tantos terrores como esses. Mas antes de mais nada, devemos rejeitar os prazeres; eles nos tornam fracos e afeminados; eles nos fazem grandes demandas e, além disso, nos compelem a fazer grandes exigências da Fortuna. Em segundo lugar, devemos desprezar a riqueza: a riqueza é o diploma da escravidão. Abandone o ouro e a prata e qualquer outra coisa que seja um fardo sobre nossas casas ricamente mobiliadas. A liberdade não pode ser obtida de mão beijada. Se você definir um alto valor para a liberdade, você deve definir um valor reduzido para todo o resto.

Mantenha-se Forte. Mantenha-se Bem.

XIII.
SOBRE ENFRENTAR O MUNDO COM CONFIANÇA E A PAZ DE ESPÍRITO

Saudações de Sêneca a Lucílio.

01. Devo dizer-lhe certas coisas às quais deve prestar atenção para viver com mais segurança, sem sobressaltos. No entanto, escute meus preceitos como se eu estivesse aconselhando você a manter sua saúde em seu território em Ardea. Reflita sobre as coisas que levam o homem a destruir o homem: você descobrirá que elas são a esperança, a inveja, o ódio, o medo e o desprezo.

02. Agora, de tudo isso, o desprezo é o menos nocivo, tanto assim que muitos haviam se escondido atrás dele como uma espécie de cura. Quando um homem o despreza, ele o fere, com certeza, mas ele prossegue; e ninguém persistentemente ou com propósito determinado machuca uma pessoa que despreza. Mesmo na batalha, os soldados prostrados são negligenciados: os homens lutam com aqueles que se mantêm firmes.

03. E você pode evitar as esperanças invejosas dos ímpios, desde que você não tenha nada que possa agitar os maus desejos dos outros e enquanto não possuir nada de notável. Pois as pessoas anseiam mesmo coisas pequenas, se estas capturarem a atenção ou forem de ocorrência rara. Você escapará da inveja se não se expuser à visão pública, se não se vangloriar de suas posses, se entender como desfrutar das coisas de forma privada. O ódio ocorre ao entrar em conflito com outros, e isso pode ser evitado ao nunca provocar ninguém; ou então, às vezes, não é motivado por nada e o senso comum irá mantê-lo a salvo dele. No entanto, essa espécie de ódio tem sido perigosa para muitos; algumas pessoas foram odiadas sem terem tido razões para inimizade pessoal.

04. Quanto a não ser temido, uma Fortuna moderada e uma disposição fácil garantirão isso; os homens devem saber que você é o tipo de pessoa que pode ser ofendido sem perigo e sua reconciliação deve ser fácil e segura. Além disso, é tão problemático ser temido em casa como no exterior; é tão ruim ser temido por um escravo quanto por um homem livre. Pois cada um tem força o suficiente para causar algum dano. Além disso, aquele que é temido teme também. Ninguém conseguiu despertar o terror e viver em paz.

05. O desprezo continua a ser discutido. Aquele que fez dessa qualidade um complemento de sua própria personalidade, que é desprezado porque deseja ser desprezado e não porque deve ser desprezado, tem a medida do desprezo sob seu controle. Qualquer inconveniente a este respeito pode ser dissipado por ocupações honrosas e por amizades com homens que tenham influência com uma pessoa influente; com estes homens, lhe será útil ter contato, mas não se enredar, para que a proteção não custe mais do que o próprio risco.

06. Nada, no entanto, irá ajudá-lo tanto quanto manter-se quieto – falando muito pouco com os outros, e tanto quanto queira consigo mesmo. Pois há uma espécie de encanto sobre a conversa, algo muito sutil e persuasivo que, como a embriaguez ou o amor, extrai segredos de nós. Ninguém mantém segredo do que ouve. Ninguém dirá a outro apenas o quanto ouviu. E aquele que conta histórias também contará nomes. Todo mundo tem alguém a quem confia tudo o que lhe foi confiado. Embora controle sua própria tagarelice e se contente com um ouvinte, irá trazer sobre ele uma multidão, se o que recentemente era um segredo se tornar uma conversa comum.

07. O mais importante para a paz mental é nunca fazer o mal. Aqueles que não têm autocontrole conduzem vidas perturbadas e tumultuadas, seus crimes são equilibrados por seus medos e eles nunca estão tranquilos. Pois eles tremem após a ação e ficam envergonhados; suas consciências não permitem que eles se ocupem de outros assuntos e continuamente requerem atenção, numa ansiedade constante. Quem teme o castigo, acaba por recebê-lo e quem merece castigo, está sempre à espera dele.

08. Onde há uma consciência maligna, algo pode trazer segurança, mas nada pode trazer tranquilidade; pois um homem imagina que, mesmo que ele não esteja preso, ele pode ser apanhado em breve. Seu sono é perturbado quando ele fala sobre o crime de outro homem, ele reflete sobre o dele, que nunca lhe parece estar suficientemente escurecido nem suficientemente escondido da visão. Um malfeitor, às vezes, tem a sorte de escapar, mas nunca a certeza disso.

Mantenha-se Forte. Mantenha-se Bem.

XIV.
SOBRE A CORPOREIDADE DA VIRTUDE

Saudações de Sêneca a Lucílio.

01. O meu atraso na resposta à sua carta não foi devido à pressão de negócios. Não escute esse tipo de desculpas, eu estou livre, e também está quem quer que queira estar. Nenhum homem está à mercê dos negócios. Ele fica enredado neles por sua própria vontade e depois se lisonjeia de que estar ocupado é uma prova de felicidade. Muito bem, você sem dúvida quer saber porque não respondi à carta mais cedo. O assunto sobre o qual você me consultou está relacionado ao projeto em que agora me ocupo.

02. Pois você sabe que estou planejando cobrir toda a filosofia moral e resolver todos os problemas que a ela se relacionam.[84] Por isso, hesitei em fazê-lo esperar até chegar o momento adequado para este assunto ou em pronunciar um julgamento fora da ordem lógica; mas pareceu-me mais gentil não fazer esperar aquele que vem de tamanha distância.

03. Então, proponho ambos os caminhos, colocar essa fora da sequência apropriada e também enviar posteriormente, sem ser solicitado, o que quer que tenha a ver com questões do mesmo tipo. Você pergunta que questões seriam essas afinal. São perguntas cujas respostas são mais prazerosas do que benéficas; por exemplo, aquela que me colocou na sua carta: "O bem é um corpo?"

04. O bem é ativo, porque é benéfico; e o que é ativo, é corpóreo. O bem estimula a mente e, de certo modo, molda e abraça o que é essencial para o corpo. Os bens do corpo são corporais, portanto, corpóreos devem ser os bens da alma. Pois a alma também é corpórea.

05. Logo, o bem do homem deve ser corpóreo, já que o próprio homem é corpóreo. Estou tristemente enganado se os elementos que sustentam o homem e preservam ou restauram sua saúde não forem corporais;

portanto, o bem é um corpo. Eu não suponho que você duvide que as emoções são corpos (para abordar um novo ponto sobre o qual você não havia perguntando) – por exemplo, raiva, amor, tristeza –, a menos que você duvide que eles mudem nossa expressão, sulquem nossa sobrancelha, relaxem o rosto, invoquem um rubor ou induzam à palidez. E então? Você acha que essas marcas óbvias no corpo podem ser infligidas por algo diferente de um corpo? [85]

06. Se as emoções são corpos, também são as doenças de nossas almas, como a ganância e a crueldade, defeitos que se endureceram e chegaram ao estado de incorrigibilidade. Então, também, são vícios e todas as suas espécies, malícia, inveja e orgulho.

07. Então, também são os bons traços – primeiro porque são seus contrários e segundo porque produzirão em você os mesmos sinais. Ou você não vê a quantidade de energia dada aos olhos pela coragem? Quão firme é o olhar da sabedoria prática? Quanta moderação e calma são dadas pela reverência? Quão tranquila é uma atitude dada pela alegria? Quanta firmeza é dada por uma autodisciplina rígida? Quanto relaxamento pela gentileza? Assim, as coisas que alteram a cor e a disposição dos corpos e exercem seu domínio nos corpos são elas próprias corpos. Mas todas as virtudes que eu mencionei são bens, e assim é tudo o que vem delas.

08. Certamente não há dúvida de que aquilo que pode ser tocado é um corpo? "Nada pode tocar ou ser tocado exceto um corpo",[86] como diz Lucrécio.[87] Mas todas as coisas que mencionei não alterariam o corpo, a menos que elas o tocassem. Portanto, elas são corpos.

09. Além disso, o que tem poder suficiente para colocar algo em movimento e dirigi-lo, ou para mantê-lo de volta e restringi-lo, é um corpo. Bem então? O medo não nos retém? A ousadia não nos coloca em movimento? A coragem não nos envia para a frente e nos dá unidade? A temperança não nos restringe e nos traz de volta? A alegria não nos levanta e a tristeza não nos deprime?

10. Finalmente, tudo o que fazemos realizamos pelo comando do vício ou da virtude. O que comanda o corpo é um corpo, o que traz força ao corpo é um corpo. O bem do corpo é corpóreo e o bem de um ser humano é o bem de um corpo. E por isso é corpóreo.

11. Agora que satisfiz seus desejos, devo dizer a mim mesmo o que posso prever que você vai me dizer: "Estamos jogando damas aqui!"[88] A precisão técnica está sendo abusada em inúmeras superfluidades. Essas coisas não produzem pessoas boas, meramente estudadas, eruditas.

12. A sabedoria é mais simples do que isso; além disso, é claramente melhor usar a literatura para a melhoria da mente, em vez de desperdiçar a própria filosofia enquanto desperdiçamos outros esforços em coisas supérfluas. Assim como sofremos por excesso em todas as coisas, então sofremos por excesso na literatura; assim aprendemos nossas lições, não para a vida, mas para a sala de aula.

Mantenha-se Forte. Mantenha-se Bem.

XV.
SOBRE A OBEDIÊNCIA À VONTADE UNIVERSAL

Saudações de Sêneca a Lucílio.

01. Onde está esse seu bom senso? Onde está aquela habilidade em examinar as coisas? A grandeza de alma? Você se viu atormentado por pouco? Seus escravos consideraram seu interesse nos negócios como uma oportunidade para fugir. Bem, se seus amigos o enganaram (deixe-os ter o nome que nós incorretamente lhes concedemos, e assim os chamemos, para que possam incorrer em mais vergonha por não serem tais amigos)...[89] mas o fato é que seus assuntos foram liberados para sempre e também todas as pessoas em quem todos os seus problemas estavam sendo desperdiçados e que o consideraram insuportável.

02. Nenhuma dessas coisas é incomum ou inesperada. É tão absurdo se abater por tais eventos como por queixar-se de ser respingado no balneário, ser empurrado na multidão ou ficar sujo de lama na rua. O programa da vida é o mesmo que o de um estabelecimento de banho, uma multidão ou uma jornada: às vezes as coisas serão jogadas em você e às vezes elas vão lhe atacar por acidente. A vida não é um negócio delicado. Você começou uma longa jornada; você é obrigado a escorregar, colidir, cair, ficar cansado e gritar, sem sinceridade, *"Ó morte!"*. Ou, em outras palavras, contar mentiras. Em um estágio você vai deixar um camarada atrás de você, em outro, vai enterrar alguém, em outro, ficará apreensivo. É em meio a problemas desse tipo que você deve viajar nesta jornada acidentada.

03. Alguém deseja morrer? Deixe a alma estar preparada para encontrar tudo; deixe-a saber que alcançou as alturas em torno das quais o trovão estronda. Deixe-a saber que chegou onde

> | Perdas e vingança estabeleceram seus quartéis de governo, E a doença pálida habita, e escura idade avançada. | Luctus et ultrices posuere cubilia curae Pallentesque habitant morbi tristisque senectiis.[90] |

Com esses problemas, você deve passar seus dias. Evitá-los, não pode, mas desprezá-los sim. E você vai desprezá-los, se você costuma pensar e antecipar o futuro.

04. Todo mundo se aproxima corajosamente de um perigo para o qual se preparou para encontrar muito antes, e resiste mesmo às dificuldades se já praticou como enfrentá-las. Mas, ao contrário, os despreparados entram em pânico, mesmo com as coisas mais insignificantes. Precisamos nos preparar para que nada venha sobre nós de imprevisto. E uma vez que as coisas são ainda mais sérias quando não são familiares, reflexão contínua lhe dará o poder, não importa qual mal possa atacar, de não fazer o papel de recruta inexperiente.[91]

05. "*Meus escravos fugiram de mim!*" Sim, outros homens foram roubados, chantageados, mortos, traídos, massacrados, atacados por veneno ou pela calúnia; não importa o problema que você mencione, aconteceu com muitos. Novamente, existem vários tipos de dardos que são lançados contra nós. Alguns são espetados em nós, alguns estão sendo brandidos e neste momento estão a caminho, alguns que foram destinados a outros homens nos atingem.

06. Não devemos manifestar surpresa em qualquer tipo de condição a que estamos destinados, condição que não deveria ser lamentada por ninguém, simplesmente porque é igualmente ordenada para todos. Sim, eu digo, igualmente ordenada; pois um homem pode ter experimentado até mesmo o que ele escapou. E uma lei equitativa consiste, não daquilo que todos efetivamente usam, mas do que é garantido para uso de todos. Certifique-se de prescrever à sua mente essa sensação de equidade; devemos pagar sem reclamar o imposto de nossa mortalidade.

07. O inverno traz frio; e devemos tremer. O verão volta, com seu calor; e devemos suar. O clima extemporâneo perturba a saúde; e devemos nos adoecer. Em certos lugares, podemos nos encontrar com animais selvagens ou com homens que são mais destrutivos que qualquer animal. Inundações ou incêndios nos causarão perda. E não podemos mudar essa ordem de coisas; mas o que podemos fazer é adquirir corações fortes, dignos de homens de bem e corajosamente suportar a Fortuna e colocar-nos em harmonia com a natureza.

08. E a natureza modera este reino terrestre que você vê, por suas estações em mudança: o tempo limpo segue o nublado; depois de uma calmaria, vem a tempestade; os ventos sopram em turnos; o dia sucede a noite; alguns dos corpos celestes se elevam e alguns se põem. A eternidade consiste em opostos.

09. É a esta lei que nossas almas devem se ajustar, a essa é que devem seguir, que devem obedecer. Seja lá o que aconteça, suponha que isso estava determinado a acontecer e não esteja disposto a lutar contra a natureza. O que você não pode reformar, é melhor suportar sem reclamar às divindades que tudo comandam; pois é um soldado ruim aquele que resmunga ao seguir seu comandante.

10. Por esta razão, devemos receber as nossas ordens com energia e vigor, não devemos deixar de seguir o curso natural deste mais belo universo, no qual todos os nossos sofrimentos futuros são tecidos. Vamos falar a Júpiter, o piloto desta massa mundial, assim como o nosso grande Cleantes nas linhas mais eloquentes – linhas que eu me permitirei escrever em latim, com o exemplo do eloquente Cícero. Se você gostar delas, aproveite-as ao máximo; se elas lhe desagradarem, você entenderá que eu simplesmente seguia a prática de Cícero:

11. Guia-me, ó Mestre dos céus,
Meu Pai, onde quer que deseje .
Não devo hesitar, mas
obedecer com rapidez.
E, embora não o deseje,
eu irei e sofrerei, Em pecado
e tristeza, o que eu
poderia ter feito
Em virtude nobre. Sim,
a alma disposta
O Destino lidera, mas o
relutante se arrasta.

Due, o parens celsique
dominator poli,
Quocumque placuit ;
nulla parendi mora est.
Adsum inpiger. Fac nolle,
comitabor gemens
Malusque patiar,
facere quod licuit bono.
Ducunt volentem fata,
nolentem trahunt.[92]

12. Vivamos e falemos assim; deixe o destino nos encontrar prontos e alertas. Aqui está uma grande alma: a do homem que se entregou ao destino; por outro lado, é fraco e degenerado o homem que luta e amaldiçoa a ordem do universo e prefere reformar os deuses do que reformar-se.

Mantenha-se Forte. Mantenha-se Bem.

XVI.
SOBRE AS ABORDAGENS DA FILOSOFIA

Saudações de Sêneca a Lucílio.

01. O tópico sobre o qual você me pergunta é um daqueles em que nossa única preocupação é o simples prazer de o solucionar. No entanto, porque é importante e você está com pressa; você não está disposto a esperar pelos livros que estou neste momento organizando e que abraçam todo o departamento de filosofia moral.[93] Devo enviar-lhe os livros imediatamente; mas antes de fazer isso eu devo escrever e dizer-lhe como essa vontade de aprender, a qual eu vejo que está ardente em você, deve ser regulada, de modo que não tropece em si mesma.

02. As coisas não devem ser acumuladas aleatoriamente; nem devem ser avidamente atacadas a granel; alguém chegará ao conhecimento do todo estudando as partes. O fardo deve ser adequado à sua força, você não deve enfrentar mais do que pode lidar adequadamente. Absorva não tudo o que deseja, mas tudo o que pode assimilar neste momento. Tenha uma mente sólida, e então você poderá aguentar tudo o que desejar no futuro. Pois quanto mais a mente recebe, mais ela se expande.

03. Este foi o conselho, lembro, que Átalo[94] me deu nos dias em que praticamente sitiei sua sala de aula, eu era o primeiro a chegar e o último a sair. Mesmo enquanto ele caminhava para cima e para baixo, eu o desafiava a várias discussões, pois ele não só se manteve acessível aos seus alunos, mas encontrou-os a meio caminho. Suas palavras eram: "O mesmo propósito deve possuir tanto o mestre quanto o aprendiz – uma ambição em um caso para ser útil ao seu discípulo, e no outro para progredir e tirar benefício do convívio com o mestre".

04. Aquele que estuda com um filósofo deve obter dele uma coisa boa todos os dias: deve retornar a casa um homem mais completo ou no caminho para se tornar mais sábio. E assim ele retornará, pois é uma das funções da filosofia ajudar não só aqueles que a estudam, mas também aqueles que se associam a ela. Aquele que anda sob o sol, embora não ande com esse propósito, deve ser queimado pelo sol. Aquele que frequenta a loja de perfumistas, e permanece mesmo por pouco tempo, levará com ele o cheiro do lugar. E aquele que segue um filósofo é obrigado a obter algum benefício disso, o que o ajudará mesmo que seja negligente. Marque o que eu digo: "negligente", não "recalcitrante ou indisciplinado".

05. "O que, então?" Você diz: "Não conhecemos certos homens que se sentaram por muitos anos aos pés de um filósofo e ainda não adquiriram a menor matiz de sabedoria?" Claro que conheço esses homens. Na verdade, há cavalheiros perseverantes que se apegam a isso; não os chamo de discípulos do sábio, mas sim de "inquilinos".

06. Certos deles vêm ouvir e não aprender, assim como somos atraídos para o teatro para satisfazer os prazeres da audição, seja por um discurso, seja por uma música ou por uma peça de teatro. Esta classe, como você verá, constitui uma grande parte dos ouvintes, que considera a sala de conferências do filósofo apenas como uma espécie de sala de estar para seu lazer. Eles não se dispõem a deixar de lado quaisquer falhas lá, ou a receber uma regra de vida, pela qual eles poderão testar seu caráter; eles simplesmente desejam desfrutar plenamente as delícias da orelha. E, no entanto, alguns chegam mesmo com cadernos, não para anotar o assunto, mas apenas as palavras, para que possam repeti-las novamente para outros com tão pouco lucro para estes como para os próprios quando as ouviram.

07. Certo número é agitado por frases grandiloquentes e se adapta às emoções do falante com uma viva mudança de rosto e mente – assim como os sacerdotes emasculados de Frígia[95] que costumam ser despertados pelo som da flauta. Mas o verdadeiro ouvinte é arrebatado e agitado pela beleza do assunto, não pelo tinir de palavras vazias. Quando uma palavra ousada é proferida desafiando a morte ou arremessada insolentemente em desafio à Fortuna, nos imaginamos agir imediatamente sobre o que ouvimos. Os homens ficam impressionados com essas palavras e se tornam o que são convidados a ser, caso tal intenção permaneça na mente, mas a população, que desencoraja as coisas honestas, não espera para imediatamente roubar esse impulso nobre; apenas alguns levam de volta para casa a atitude mental com a qual eles foram inspirados.

08. É fácil despertar um ouvinte para que ele implore a justiça, pois a natureza lançou as bases e plantou as sementes da virtude em todos nós. E todos nós nascemos com esses privilégios gerais, portanto, quando o estímulo é adicionado, o bom espírito é agitado como se fosse libertado de algemas. Você não notou como o teatro reverbera sempre que qualquer palavra é dita, cuja verdade nós apreciamos e confirmamos por unanimidade.

| 9. Aos pobres falta muito; Ao homem ganancioso falta tudo. Um homem ganancioso não faz o bem a ninguém, ele faz o pior a si mesmo. | Desunt inopiae multa, avaritiae omnia. In nullum avarus bonus est, in se pessimus.[96] |

Em versos como esses, o mais desprezível miserável aplaude e se alegra em ouvir seus próprios pecados insultados. Quanto mais você acha que isso é verdade, quando essas coisas são proferidas por um filósofo, quando ele apresenta versos entre seus salutares preceitos, para que possa fazer esses versículos penetrarem mais efetivamente na mente do neófito!

10. Cleantes costumava dizer: "À medida que a nossa respiração produz um som mais alto quando passa através da abertura longa e estreita da trombeta e escapa por um buraco que se amplia ao final, da mesma forma as regras de poesia acentuam nosso pensamento"[97] As mesmas palavras são mais negligentemente recebidas e nos deixam menos impressionados, quando são faladas em prosa; mas quando o ritmo poético é adicionado e quando a prosódia regular comprimiu uma ideia nobre, então o próprio pensamento vem, por assim dizer, se atirando a uma aventura mais completa.

11. Falamos muito sobre desprezar o dinheiro e damos conselhos sobre este assunto nos longos discursos, tanto que a humanidade pode acreditar que as verdadeiras riquezas existem na mente e não na conta bancária, e que o homem que se adapta ao seu pequeno rendimento e se torna rico com uma pequena soma é o homem verdadeiramente rico; mas nossas mentes são mais eficazes quando um versículo como este é repetido:

> **Precisa de pouco quem deseja pouco.**
> **Tem tudo quanto quer quem só quer o indispensável.**
>
> **Is minimo eget mortalis, qui minimum cupit.**
> **Quod vult habet, qui velle quod satis est potest.** [98]

12. Quando ouvimos palavras como essas, somos levados a uma confissão da verdade. Mesmo os homens, em cuja opinião nada é suficiente, maravilham-se e aplaudem quando ouvem tais palavras e juram o ódio eterno contra o dinheiro. Quando você os vê assim dispostos, atinja o alvo, mantenha-os assim e responsabilize-os com esse dever, deixando cair todos os significados duplos, silogismos, minúcias e as outras atividades secundárias de inteligência ineficaz. Pregue contra a ganância, pregue contra a vida de luxos. E quando você percebe que fez progressos e impressionou as mentes de seus ouvintes, permaneça ainda mais duramente. Você não pode imaginar quanto progresso pode ser provocado por um discurso dessa natureza, quando está empenhado em curar seus ouvintes e é absolutamente dedicado aos seus melhores interesses. Pois quando a mente é jovem, pode ser mais facilmente conquistada para desejar o que é honroso e justo. A verdade, se puder obter um argumento adequado, terá mãos fortes sobre aqueles que ainda podem ser ensinados, aqueles que foram apenas superficialmente estragados.

13. De qualquer forma, quando eu costumava ouvir Átalo denunciando o pecado, o erro e os males da vida, muitas vezes sentia pena da humanidade e considerava Átalo como um ser nobre e majestoso, acima de nossas alturas mortais. Ele se considerava como um rei, mas eu pensava dele mais que um rei, porque ele tinha o direito de julgar os reis.

14. E, na verdade, quando ele começou a defender a pobreza e mostrar o fardo inútil e perigoso que era tudo o que passava da medida de nossa necessidade, muitas vezes eu desejava deixar sua sala de aula como um pobre homem. Sempre que criticava severamente nossas vidas na busca de prazer e exaltava a pureza pessoal, a moderação na dieta e uma mente livre de supérfluos, para não falar de prazeres ilegais, vinha sobre mim o desejo de limitar minha comida e bebida.

15. E é por isso que alguns desses hábitos ficaram comigo, Lucílio. Pois eu tinha planejado toda a minha vida com grande determinação. E mais

tarde, quando voltei aos deveres de um cidadão, eu realmente mantive algumas dessas boas resoluções. É por isso que abandonei as ostras e os cogumelos para sempre; uma vez que eles não são realmente alimentos, mas atrativos para intimidar o estômago saciado a comer mais, como é a elaboração dos gourmands e aqueles que se entopem além de seus poderes de digestão. Engolem rapidamente e vomitam rapidamente!

16. É por isso que também durante a minha vida evitei perfumes; porque o melhor aroma para a pessoa é nenhum perfume. É por isso que meu estômago é desacostumado ao vinho. É por isso que durante toda a minha vida eu evitei os balneários e acreditei que exercitar o corpo e o suar até a magreza é ao mesmo tempo inútil e afeminado. Outras resoluções foram quebradas, mas, de tal modo que, nos casos em que deixei de praticar a abstinência, observei um limite que, de fato, está próximo da abstinência. Talvez seja um pouco mais difícil, porque é mais fácil para a vontade cortar certas coisas por completo do que usá-las com moderação.

17. Na medida em que eu comecei a explicar-lhe quão maior era o meu impulso de abordar a filosofia na minha juventude do que de continuar na minha velhice, não me envergonharei em dizer que zelo ardente Pitágoras inspirou em mim. Sótion[99] costumava me dizer por qual motivo Pitágoras se absteve de comida de origem animal e por qual, nos últimos tempos, Séxtio também. Em cada caso, a razão era diferente, mas era, em cada caso, uma razão nobre.

18. Séxtio acreditava que o homem pode obter sustento suficiente sem recorrer ao sangue e que um hábito de crueldade é formado sempre que o abate é praticado por prazer. Além disso, ele pensava que deveríamos restringir as fontes do nosso luxo. Ele argumentava que uma dieta variada era contrária às leis da saúde e não era adequada às nossas constituições.

19. Pitágoras, por outro lado, considerava que todos os seres estavam inter-relacionados e que havia um sistema de troca entre as almas que transmigravam de uma forma corporal para outra. Segundo ele, nenhuma alma perece ou cessa suas funções, exceto por um pequeno intervalo – quando está sendo vertida de um corpo para outro. Podemos questionar a que horas e depois de que estações de mudança a alma retorna

ao homem, após percorrer muitas moradias. Ele fez com que os homens temessem a culpa e o parricídio, pois podiam, sem saber, atacar a alma de seu pai e feri-la com faca ou com dentes – se, como seria possível, o espírito aparentado habitasse temporariamente este pedaço de carne!

20. Quando Sótion expunha esta doutrina, complementando-a com suas próprias provas, ele exclamava: "Você não acredita que as almas são atribuídas, primeiro a um corpo e depois a outro e que a nossa chamada morte é meramente uma mudança de residência? Você não acredita que no gado ou em animais selvagens ou em criaturas das profundezas, a alma daquele que já foi um homem pode habitar? Você não acredita que nada nesta terra seja aniquilado, mas apenas troque de covil? E que os animais também têm ciclos de progresso e, por assim dizer, uma órbita para suas almas, nada menos que os corpos celestes, que giram em circuitos fixos? Os grandes homens colocaram fé nessa doutrina.

21. "Portanto, enquanto mantém a sua própria visão, mantenha toda a questão em suspenso em sua mente. Se a teoria é verdadeira, é uma marca de pureza abster-se de comer carne, se for falso, é economia. E que dano faz dar credibilidade? Estou apenas privando você de comida que sustenta leões e abutres."

22. Fui imbuído desse ensinamento e comecei a abster-me de comida animal; no final de um ano, o hábito era tão agradável quanto fácil. Eu estava começando a sentir que minha mente estava mais ativa, embora eu não diria positivamente se era ou não realidade. Você pergunta como eu vim abandonar a prática? Foi assim: os dias da minha juventude coincidiram com o início do principado de Tibério César.[100] Alguns ritos estrangeiros estavam naquele momento sendo criticados e a abstinência de certos tipos de alimentos animais foi estabelecida como prova de interesse de práticas estrangeiras.[101] Assim, a pedido de meu pai, que não temia perseguição, mas que detestava a filosofia, voltei aos meus hábitos anteriores. E não foi muito difícil induzir-me a jantar mais confortavelmente.

23. Átalo costumava recomendar um colchão que não se submetia ao corpo. E agora, depois de velho como estou, uso um tão duro que não deixa vestígios após a pressão. Eu mencionei tudo isso para mostrar-lhe como são os zelosos neófitos em relação aos seus primeiros impulsos para os ideais mais elevados, desde que alguém faça sua parte em exortá-los

e acender seu ardor. Na verdade, erros são cometidos, por culpa de nossos conselheiros, que nos ensinam a debater e não a como viver; também há erros cometidos pelos alunos, que vêm a seus professores para desenvolver, não suas almas, mas suas inteligências. Assim, o estudo da sabedoria torna-se o estudo das palavras.

24. Faz uma grande diferença o que você tem em mente quando se aproxima de um determinado assunto. Se um homem quer ser um erudito e está examinando as obras de Virgílio, ele não interpreta a nobre passagem

O tempo voa e não pode ser restaurado.	fugit inreparabile tempus.[102]

No sentido que se segue: "Devemos nos levantar, a menos que nos apressemos, seremos deixados para trás. O tempo passa rapidamente e nos enrola nele. Somos carregados ignorando o nosso destino, organizamos todos os nossos planos para o futuro e à beira de um precipício estamos tranquilos". Em vez disso, ele traz à nossa atenção a frequência com que Virgílio, ao falar da rapidez do tempo, emprega a palavra "foge" (*fugit*).

Os melhores dias da infeliz vida humana Voam primeiro; Doença e velhice amarga sucedem, E trabalhe, até que a morte áspera arrebate rudemente tudo.	Optima quaeque dies miseris mortalibus aevi Prima fugit; subeunt morbi tristisque senectus Et labor, et durae rapit inclementia mortis.[103]

25. Aquele que considera essas linhas no espírito de um filósofo comenta as palavras em seu próprio sentido: "Virgílio nunca diz: 'O tempo passa', mas 'o tempo voa', porque o último é o movimento mais rápido e em todos os casos, nossos melhores dias são os primeiros a serem arrebatados, por que, então, hesitamos em nos preparar para que possamos acompanhar o ritmo de todas as coisas rápidas?" O bom passa voando e o ruim toma seu lugar.

26. Assim como o vinho mais puro flui do topo do frasco e as escórias mais grossas se instalam no fundo, então, em nossa vida humana, o melhor é o primeiro. Devemos permitir que outros homens vivenciem o melhor e manter a escória para nós mesmos? Deixe esta frase penetrar sua alma, você deve estar satisfeito assim como se fosse proferida por um oráculo: "Os melhores dias da mísera vida humana voam primeiro".

27. Por que "Melhores dias?". Porque o que está por vir é incerto. Por que "Melhores dias?". Porque em nossa juventude somos capazes de aprender, podemos inclinar, para fins mais nobres, mentes que estão propensas e ainda flexíveis, porque este é o momento do trabalho, o tempo para manter nossas mentes ocupadas no estudo e no exercício de nossos corpos com esforço útil. Pois o que resta é mais lento e sem espírito – mais perto do fim. Vamos, portanto, esforçar-nos com toda coragem, evitando distrações pelo caminho, deixe-nos lutar com um único propósito, já que, quando ficamos para trás, compreendemos muito tarde a velocidade do tempo rápido, cujo curso não podemos mais acompanhar. Considere todos os dias, logo que vierem, que sejam bem-vindos como sendo o melhor dia, e deixe que sejam de nossa própria posse.

28. Devemos agarrar o que procura fugir-nos. Agora, aquele que examina com os olhos de estudioso as linhas que acabei de citar, não reflete que nossos primeiros dias são os melhores porque a doença está se aproximando e a velhice pesa sobre nós e paira sobre nossas cabeças enquanto ainda pensamos em nossa juventude. Ele pensa antes na colocação habitual de doença e velhice de Virgílio, e com razão. Pois a velhice é uma doença que não podemos curar.

29. "Além disso", diz ele a si mesmo, "pense no epíteto que acompanha a velhice, Virgílio a chama de amarga. Doença e velhice amarga sucedem." E em outro lugar, Virgílio diz:

| **Há uma doença pálida e uma velhice amarga.** | **Pallentesque habitant morbi tristisque senectus.**[104] |

Não há motivo para se maravilhar que cada homem possa coletar da mesma fonte um assunto adequado para seus próprios estudos, pois no mesmo prado a vaca pasta, o cão caça a lebre e a cegonha persegue o lagarto.

30. Quando o livro de Cícero, *Da República*,[105] é aberto por um filólogo, um estudioso ou um seguidor da filosofia, cada homem persegue sua investigação a seu modo. O filósofo se pergunta que tanto poderia ter sido dito nele contra a justiça. O filólogo toma o mesmo livro e comenta o texto da seguinte maneira: havia dois reis romanos – um sem pai e outro sem mãe. De fato nada se sabe ao certo da mãe de Sérvio Túlio,[106] enquanto Anco Márcio[107] não teve pai registrado, dizendo-se dele apenas que era neto de Numa.

31. O filólogo também observa que o oficial a quem chamamos ditador e sobre quem lemos nas nossas histórias sob esse título, era chamado em tempos antigos de *"magister Populi"*,[108] tal é o nome que existe hoje nos registros de augúria,[109] provado pelo fato de que aquele que o ditador escolhia como o segundo em comando era chamado *"magister equitum"*. Ele também observará que Rômulo encontrou seu fim durante um eclipse; que houve um apelo às pessoas mesmo pelos reis.

32. Quando o gramático desenrola esse mesmo volume, ele coloca em seu caderno as formas de palavras, observando que *"reapse"*, equivalente a *"re ipsa"*, é usada por Cícero e *"sepse"* tão frequentemente, que significa *"se ipse"*. Em seguida, ele volta sua atenção para as mudanças no uso atual da palavra. Cícero, por exemplo, diz: "Na medida em que somos convocados de volta do próprio calx[110] por sua interrupção". Hoje, a linha do hipódromo que chamamos de "linha de meta" era chamada de *calx* por homens de tempos antigos.

33. Novamente, ele junta alguns versos de Ênio, especialmente aqueles que se referiam a Africano:

Um homem para quem nem amigo nem inimigo poderiam conceder Devida recompensa por todos os seus esforços e sua ação.	cui nemo civis neque hostis Quibit pro factis reddere opis pretium.[111]

A partir desta passagem, o estudioso declara que ele infere a palavra *opis* como significando anteriormente não apenas assistência, mas esforços.

Pois Ênio queria dizer que nem amigo nem inimigo poderiam pagar a Cipião uma recompensa digna de seus esforços.

34. Em seguida, ele se felicita por encontrar a fonte das palavras de Virgílio:

> **Sobre cuja cabeça o poderoso portão do Céu troveja.**
>
> **quem super ingens porta tonat caeli.**[112]

Observando que Ênio roubou a ideia de Homero, e Virgílio, de Ênio. Pois há um par de versos por Ênio, preservado neste mesmo livro de Cícero, *Da República*:

> **Se for correto para um mortal escalar as regiões do céu,**
> **Então o enorme portão do céu abre em glória para mim.**
>
> **Si fas endo plagas caelestum ascendere cuiquam est.**
> **Mi soli caeli maxima porta patet.**[113]

35. Mas também eu, quando engajado em outra tarefa, não pude entrar no departamento do filólogo ou do gramático, meu conselho é este – que todo o estudo da filosofia e toda a leitura devam ser aplicadas à ideia de viver uma vida feliz, que não devemos perseguir palavras arcaicas ou rebuscadas e metáforas e figuras de discurso excêntricas, mas que devemos buscar preceitos que nos ajudem, enunciados de coragem e espírito que possam ser transformados em fatos. Devemos aprender, assim, que as palavras podem tornar-se ações.

36. E considero que nenhum homem tratou a humanidade pior do que aquele que estudou filosofia como se fosse um comércio, que vive de maneira diferente daquela que aconselha. Pois esses são responsáveis por todas as falhas que criticam e anunciam-se como padrões de treinamento inútil.

37. Um professor como esse não pode me ajudar, não mais do que um timoneiro que sente enjoo pode ser eficiente em uma tempestade. Ele deve segurar o leme quando as ondas estão batendo, ele deve lutar, por assim dizer, com o mar; ele deve enrolar suas velas quando a tempestade se enfurece; que utilidade tem um timoneiro assustado e vomitando?

E quanto maior, pense, é a tempestade da vida do que aquela que ataca qualquer navio! É preciso dirigir, não falar. Todas as palavras que esses homens proferem e manipulam frente a uma multidão que escuta, pertencem aos outros.

38. Elas foram faladas por Platão, faladas por Zenão, por Crisipo ou por Posidônio e por toda uma série de estoicos tão numerosos quanto excelentes. Devo mostrar-lhe como os homens podem provar que as palavras são suas: fazendo o que têm falado. Já que eu lhe dei a mensagem que eu queria transmitir, agora vou satisfazer seu desejo e reservarei para uma nova carta uma resposta completa para sua convocação; para que você não se aproxime cansado de um assunto que é espinhoso e que deve ser seguido com uma mente concentrada e cuidadosa.

Mantenha-se Forte. Mantenha-se Bem.

XVII.
SOBRE A ASSOCIAÇÃO COM HOMENS SÁBIOS

Saudações de Sêneca a Lucílio.

01. Você expressou o desejo de saber se um sábio pode ajudar um homem sábio. Pois dizemos que o homem sábio é completamente dotado de todo bem e alcançou a perfeição; consequentemente, surge a questão de como é possível que alguém ajude uma pessoa que já possui o bem supremo. Os homens bons são mutuamente úteis, pois cada um dá prática às virtudes do outro e, portanto, mantém a sabedoria em seu nível adequado. Cada um precisa de outro homem de bem com quem possa fazer comparações e investigações.

02. Os lutadores qualificados são mantidos assim pela prática, um músico é induzido à ação por um de igual proficiência. O homem sábio também precisa ter suas virtudes em prática e mesmo estando disposto a fazer as coisas, ele também se sente estimulado por outro homem sábio.

03. Como um sábio pode ajudar outro sábio? Ele pode acelerar seus impulsos e apontar para ele oportunidades de ação honrosa. Além disso, ele pode desenvolver algumas de suas próprias ideias, ele pode transmitir o que descobriu. Pois mesmo no caso do homem sábio, algo sempre permanecerá para descobrir, algo para o qual sua mente possa fazer novos empreendimentos.

04. Os homens perversos prejudicam os homens perversos, cada um ativa o outro despertando sua ira, aprovando sua grosseria e louvando seus prazeres; os homens perversos estão em seu pior estágio quando suas faltas estão mais completamente misturadas e sua maldade foi, por assim dizer, combinada em parceria. Por outro lado, um homem de bem ajudará outro homem de bem. "Como?", você pergunta.

05. Porque ele vai trazer alegria para o outro, ele fortalecerá sua fé e, a partir da contemplação de sua tranquilidade mútua, o prazer de ambos será aumentado. Além disso, eles trocarão o conhecimento de certos fatos, pois o homem sábio não é onisciente.[114] E mesmo se tivesse todo o conhecimento, alguém poderia inventar e apontar atalhos, para que todo o assunto pudesse ser mais facilmente divulgado.

06. O sábio ajudará os sábios, não por causa de sua própria força meramente, mas por causa da força do homem a quem ele auxilia. O último, é verdade, pode por si mesmo desenvolver suas próprias partes, no entanto, mesmo quem esteja correndo bem é ajudado por alguém que lhe lance uma voz de incitamento. Uma possível objeção será: "Mas o sábio realmente não ajuda o sábio, ele apenas se ajuda. Deixe-me dizer-lhe isto: tire de um deles seu poder especial e o outro não conseguirá nada".

07. Você também pode, nessa base, dizer que a doçura não está no mel, pois é a própria pessoa que o come, que está equipada, tanto com a língua quanto com o paladar, para provar esse tipo de comida que o sabor especial atrai, e qualquer outra coisa desagrada. Pois existem certos homens tão afetados por doença que consideram o mel amargo. Ambos os homens devem estar em boa saúde para que um possa ser útil e o outro possa ser ajudado.

08. Novamente, eles dizem: "Quando o maior grau de calor é alcançado, é inútil aplicar mais calor, e quando o bem supremo foi alcançado, é supérfluo ter um ajudante. Um fazendeiro completamente abastecido pede mais suprimentos de seus vizinhos? Um soldado suficientemente armado em ação precisa de mais armas? Muito bem, o homem sábio também não, pois ele está suficientemente equipado e suficientemente armado para a vida".

09. A minha resposta a isto é que, quando algo é aquecido ao mais alto grau, é preciso ter o calor continuado para manter a temperatura em seu auge. E se for defendido que o calor é autopreservado, eu digo que existem grandes distinções entre as coisas que você está comparando; pois o calor é uma coisa única, mas a utilidade é de muitos tipos. Novamente, o calor não é ajudado pela adição de calor, mas o sábio não pode manter seu padrão mental sem ter uma relação com amigos de sua própria espécie com quem ele possa compartilhar seus bens.

10. Além disso, há uma espécie de amizade mútua entre todas as virtudes. Assim, aquele que ama as virtudes de seus pares e, por sua vez, exibe a sua própria para ser amada, é útil. Assim como as coisas dão prazer, especialmente quando são honradas e quando os homens sabem que há uma aprovação mútua.

11. E, além disso, ninguém, senão um homem sábio, pode induzir a alma de outros sábios de maneira inteligente, assim como o homem só pode ser alertado de maneira racional pelo homem. Portanto, a razão é necessária para o incitamento da razão, então, para provocar uma razão perfeita, é necessária uma razão perfeita.

12. Alguns dizem que somos ajudados mesmo por aqueles que nos concedem os chamados benefícios "indiferentes", como dinheiro, influência, segurança e todos os outros acessórios valiosos ou essenciais para a vida. Se pensarmos dessa maneira, o mais verdadeiro tolo poderia ajudar um homem sábio. Ajudar, no entanto, significa realmente induzir a alma de acordo com a natureza, tanto pela excelência do instigador quanto pela excelência daquele que é instigado. E isso não pode acontecer sem benefício para o ajudante também. Pois para treinar a excelência do outro, um homem deve necessariamente treinar sua própria.

13. Mas, para omitir da discussão os bens supremos ou as coisas que os produzem, os sábios podem, pelo menos, ser mutuamente úteis. Pois a simples descoberta de um sábio por um sábio é em si um evento desejável, uma vez que tudo o que é bom é naturalmente estimado pelo homem de bem e por isso este se sente bem na presença de um homem de bem, assim como se sente bem consigo próprio.

14. É necessário que eu passe deste tópico para outro, a fim de provar o meu ponto. Põe-se a pergunta se o sábio vai tomar sozinho suas deliberações, ou se ele pedirá a outros aconselhamento. Ele é obrigado a fazer isso quando se aproxima dos deveres do Estado e domésticos, tudo, por assim dizer, que seja mortal. Ele precisa de conselhos externos sobre tais assuntos, assim como o médico, o piloto, o advogado ou um juiz de instrução. Por isso, os sábios às vezes ajudam os sábios; pois eles se persuadirão. Mas também nesses assuntos de grande importância, sim, de importação divina, como eu os chamo, o homem sábio também pode ser útil discutindo coisas honestas em comum e contribuindo com seus pensamentos e ideias.

15. Além disso, é de acordo com a natureza mostrar carinho por nossos amigos e se alegrar de seu avanço como se fosse absolutamente nosso. Pois, se não fizermos isso, mesmo a virtude, que cresce forte apenas

por meio do exercício de nossas percepções, não permanecerá conosco. A virtude nos aconselha a organizar o presente bem, a pensar sobre o futuro, deliberar e aplicar nossas mentes. Assim, aquele que conversa com um amigo, pode aplicar sua mente mais facilmente e resolver seu problema. Portanto, ele procurará o homem sábio perfeito ou aquele que progrediu até um ponto que faz fronteira com a perfeição. O sábio perfeito, além disso, nos ajudará se apresentar bom senso comum.

16. Dizem que os homens veem melhor os assuntos dos outros do que os seus. Um defeito de caráter causa isso naqueles que são cegos pelo amor-próprio e cujo medo na hora do perigo tira sua visão clara daquilo que é útil. Será quando um homem estiver mais à vontade e libertado do medo que ele começará a ser sábio. No entanto, existem certos assuntos em que até mesmo os homens sábios veem os fatos mais claramente no caso dos outros do que em seu próprio caso. Além disso, o homem sábio, em companhia de seu sábio companheiro, confirmará a verdade desse mais doce e honroso provérbio: "Sempre desejar e sempre recusar exatamente as mesmas coisas"; assim obterão um resultado nobre quando ambos suportarem a carga "com igual jugo".

17. Respondi assim a sua demanda, embora tenha sido alvo de assuntos que incluo nos meus volumes sobre a filosofia moral. Reflita, como costumo dizer, que não há nada em tais tópicos para nós, exceto a ginástica mental. Pois eu volto repetidamente à questão: "Que bem isso faz a mim? Me deixa mais corajoso, mais justo, mais comedido? Ainda não tive a oportunidade de usar meu treinamento, pois ainda preciso do médico!

18. "Por que você me pede um conhecimento inútil? Você prometeu coisas ótimas, teste-me, observe-me! Você me assegurou que eu estaria sem medo, embora espadas estivessem passando em volta de mim, embora a ponta da lâmina estivesse arranhando minha garganta. Você me assegurou que eu ficaria à vontade, embora incêndios estivessem ardendo em torno de mim, ou embora um turbilhão repentino devesse arrebatar meu navio e transportá-lo mar afora. Agora, ajude-me então, para que eu saiba como desprezar o prazer e a glória. Depois disso, você deve me ensinar a resolver problemas complicados, a resolver pontos duvidosos, a ver o que não é claro, ensine-me agora apenas o que é necessário eu saber!"

Mantenha-se Forte. Mantenha-se Bem.

XVIII.
SOBRE VERDADEIRAS E FALSAS RIQUEZAS

Saudações de Sêneca a Lucílio.

01. Da minha vila de Nomento, envio-lhe saudações e convido-o a manter um espírito sadio dentro de você, em outras palavras, que ganhe a bênção de todos os deuses, pois aquele que se torna uma bênção a si mesmo é assegurado das graças e favores. Deixe de lado a crença de certas pessoas – que um deus é atribuído a cada um de nós como uma espécie de atendente – não uma divindade de estatura regular, mas uma de menor grau – uma daquelas que Ovídio chama de "a plebe divina".[115] No entanto, ao deixar de lado essa crença, gostaria que você se lembrasse que nossos antepassados, que seguiam tal credo, tornaram-se os maiores estoicos, pois atribuíram um gênio ou uma juno[116] a cada indivíduo.

02. Mais tarde, investigaremos se os deuses têm tempo suficiente para cuidar das preocupações dos particulares. Entretanto, você deve saber se estamos destinados a guardiões especiais ou se somos negligenciados e consignados à Fortuna, você não pode amaldiçoar um homem a uma maldição mais pesada do que rezar para que ele esteja em inimizade consigo mesmo. Não há razão, no entanto, para que você peça aos deuses que sejam hostis a quem você considere merecer o castigo; eles são hostis a essa pessoa, eu afirmo, mesmo que ela pareça avançar por seus favores.

03. Ponha em prática uma investigação cuidadosa, considerando como nossos assuntos realmente estão e não o que os homens dizem deles; então você entenderá que os males são mais propensos a nos ajudar do que nos prejudicar. Por quantas vezes a chamada aflição tem sido a fonte e o início da felicidade! Quantas vezes os privilégios que recebemos com grande expressão de gratidão criaram degraus para o topo de um precipício, elevando homens que já eram distintos, como se estivessem anteriormente em uma posição de onde poderiam cair em segurança!

04. Mas esta mesma queda não tem nada de mau, se você considerar o fim, após o qual a natureza não deixa nenhum homem mais baixo.[117] O limite universal está próximo; sim, há perto de nós o ponto em que o homem próspero se julga expulso e o ponto onde o infeliz é liberado. Somos nós mesmos que expandimos esses dois limites, estendendo-os por nossas esperanças e pelos nossos medos. Se, no entanto, você é sábio, mede todas as coisas de acordo com o estado do homem; restringe ao mesmo tempo tanto suas alegrias quanto seus medos. Além disso, não vale a pena se alegrar com nada por muito tempo, da mesma forma que não deve temer nada por muito tempo.

05. Mas por que limito o escopo deste mal? Não há razão para se supor que se tema qualquer coisa. Todas essas coisas que nos agitam e mantêm-nos apreensivos são coisas vazias. Nenhum de nós provou a verdade; passamos o medo um para o outro; ninguém se atreveu a se aproximar do objeto que causa seu medo e a compreender a natureza do medo – sim, o bem por trás disso. É por isso que a falsidade e a vaidade ainda ganham crédito, porque não são refutadas.

06. Deixe-nos considerar que vale a pena examinar de perto o assunto; então ficará claro quão fugazes, quão inseguras e quão inofensivas são as coisas que tememos. O distúrbio em nossos espíritos é semelhante ao que Lucrécio detectou:

Como meninos que se acovardam no escuro, Então, os adultos à luz do dia sentem medo.	Nam veluti pueri trepidant atque omnia caecis In tenebris metuunt, ita nos in luce timemus[118]

O que, então? Não somos mais tolos do que qualquer criança, nós que *"à luz do dia sentimos medo"*?

07. Mas você estava errado, Lucrécio; não temos medo à luz do dia; nós transformamos tudo em um estado de escuridão. Não vemos o que prejudica nem o que nos beneficia. Passamos toda nossa vida a correr, a tropeçar às cegas e nem por isso somos capazes de parar ou de prestar atenção onde colocamos os pés. Mas você vê que loucura é correr para a frente no escuro. Na verdade, estamos empenhados em nos chamar de volta de uma longa distância, e embora não conheçamos nosso objetivo, ainda nos apressamos com velocidade selvagem na direção para onde estamos nos esforçando.

08. A luz, no entanto, pode começar a brilhar, desde que estejamos dispostos. Mas tal resultado pode ocorrer apenas de uma forma: se adquirimos pelo conhecimento essa familiaridade com coisas divinas e humanas, se não somente nos inundarmos, mas nos inclinarmos neles, se um homem analisa os mesmos princípios, mesmo que ele os compreenda e aplique-os de novo e de novo em si mesmo, se ele investigou o que é bom, o que é maligno e o que tem sido falsamente assim chamado; e, finalmente, se ele investigou a honra e a infâmia e a providência.

09. O alcance da inteligência humana não está confinado dentro desses limites, também pode explorar fora do universo: seu destino e sua fonte e a ruína para a qual toda a natureza se apressa tão rapidamente. Retiramos a alma dessa contemplação divina e a arrastamos para tarefas precárias e mesquinhas, de modo que pudesse ser escrava da ganância, a fim de que ela abandonasse o universo e seus limites e, sob o comando de mestres que tentam todos os possíveis esquemas, espreita debaixo da terra e procura o mal que pode arrancar de lá,[119] descontente com o que foi livremente oferecido a ela.

10. Agora, Deus, que é o pai de todos nós, colocou à nossa mão as coisas que ele pretendia para o nosso bem. Ele não esperou por nenhuma busca de nossa parte e Ele nos deu tudo voluntariamente. Mas o que seria prejudicial, Ele enterrou profundamente na terra. Nós não podemos reclamar de nada além de nós mesmos; pois trazemos à luz os materiais para a nossa destruição, contra a vontade da natureza, que os escondeu. Aprisionamos nossas almas ao prazer, cujo serviço é a fonte de todo o mal; nos entregamos ao egoísmo e reputação e a outros objetivos igualmente vazios e inúteis.

11. O que, então, eu o encorajo a fazer agora? Nada de novo, não estamos tentando encontrar curas para novos males, mas antes de tudo saber claramente o que é necessário e o que é supérfluo. O que é necessário pode ser encontrado em todos os lugares; o que é supérfluo sempre deve ser caçado e com grande esforço.

12. Mas não há nenhuma razão pela qual você deva se lisonjear demais se você desprezar sofás dourados e móveis com joias. Pois que virtude reside em

desprezar coisas inúteis? A hora de admirar sua própria conduta é quando você vier a desprezar as necessidades. Você não faz nada de bom se puder viver sem pompa real, se não sentir nenhum desejo por javalis que pesam mil libras ou por línguas de flamingo,[120] ou por outros absurdos de um luxo que já se cansou de caça cozida inteira e que escolhe diferentes pedaços de animais separados. Eu só o admirarei quando tiver aprendido a desprezar até mesmo o pão comum, quando você se fizer acreditar que a grama cresce tanto para as necessidades dos homens quanto para as do gado, quando descobrir que brotos de árvores podem preencher a barriga, na qual entulhamos coisas de valor como se pudesse manter o que recebeu. Devemos satisfazer nossos estômagos sem ser muito seletivos. O que importa aquilo que o estômago recebe, uma vez que deve perder o que recebeu?

13. Você aprecia as iguarias cuidadosamente planejadas que são capturadas na terra e no mar; algumas são mais agradáveis se forem trazidas frescas para a mesa, outras, após uma longa alimentação e engorda forçada, quase derretem e dificilmente podem reter sua própria gordura. Você gosta do sabor sutilmente elaborado desses pratos. Mas asseguro-lhe que tais pratos cuidadosamente escolhidos e variados, uma vez que entram no estômago, serão digeridos pela mesma corrupção, transformando-se em uma massa repugnante. Para desprezar o prazer da mesa, nada melhor do que ver em que se transformam os alimentos!

14. Lembro-me de algumas palavras de Átalo,[121] que provocaram aplausos gerais: "As riquezas me enganaram por muito tempo. Eu costumava ficar atordoado quando pegava algum brilho delas aqui e ali. Eu costumava pensar que sua influência escondida combinava com o seu show visível. Mas uma vez, em um determinado entretenimento elaborado, vi trabalho em relevo em prata e ouro igualando a riqueza de uma cidade inteira, e cores e tapeçarias concebidas para combinar objetos que superaram o valor do ouro ou da prata – trazidas não apenas além de nossas próprias fronteiras, mas de além das fronteiras de nossos inimigos. Escravos notáveis por seu treinamento e beleza, de outro lado, multidões de mulheres escravas e todos os outros recursos que um império próspero e poderoso poderia oferecer depois de rever suas posses.

15. "O que mais é isso, eu disse para mim mesmo, do que um despertar dos anseios do homem, que são provocadores de luxúria por si mesmos? Qual

o significado de toda essa exibição de dinheiro? Nós nos reunimos apenas para saber o que a ganância é? Por minha parte, eu deixei o lugar com menos desejo do que eu tinha quando entrei. Eu vim a desprezar riquezas, não por causa de sua inutilidade, mas por causa de sua mesquinhez.

16. "Você notou como, dentro de algumas horas, esse show, por mais lento que fosse e cuidadosamente organizado, estaria findo e acabado? Um negócio encheu toda a nossa vida, o que não poderia preencher um dia inteiro? Eu também tinha outro pensamento: as riquezas me pareciam tão inúteis para os possuidores como para os espectadores.

17. "De acordo com isso, digo para mim mesmo sempre que um show desse tipo deslumbra meus olhos, sempre que vejo um esplêndido palácio com um corpo bem preparado de atendentes e belos portadores carregando uma liteira: por que se maravilhar? Por que admirar-se? É tudo show, tais coisas são exibidas, não possuídas, enquanto elas passam.

18. "Foque-se de preferência nas verdadeiras riquezas. Aprenda a se contentar com pouco e a gritar com coragem e com grandeza de alma: 'Temos água, temos mingau, vamos competir em felicidade com o próprio Júpiter'. E por que não, lhe peço, faça esse desafio mesmo sem mingau e água! Porque é tão vil que a vida feliz dependa da prata e do ouro como é vil que dependa da água e do mingau. 'Mas, alguns vão dizer, o que eu poderia fazer sem essas coisas?'

19. "Você pergunta qual é a cura para o desejo? É fazer com que a fome satisfaça a fome; pois, de qualquer outra forma, que diferença existe na pequenez ou na amplitude das coisas que o forçam a ser um escravo? O que importa quão insignificante é o que a Fortuna recusa a você?

20. "Seu próprio mingau e água podem cair sob a jurisdição de outro; e, além disso, a liberdade vem, não para aquele sobre quem a Fortuna tem pouco poder, mas para aquele sobre quem ela não tem poder. Isto é o que quero dizer: você não deveria desejar nada, se você pudesse rivalizar com Júpiter; pois Júpiter não anseia nada." Foi o que Átalo[122] nos disse. Se você está disposto a pensar muitas vezes sobre essas coisas, você se esforçará não para dar a impressão de felicidade, mas para ser feliz e, além disso, para parecer feliz para você e não aos outros.

Mantenha-se Forte. Mantenha-se Bem.

XIX.
SOBRE A FUTILIDADE DA GINÁSTICA MENTAL (SOFISMAS)

Saudações de Sêneca a Lucílio.

01. Você me pediu para lhe dar uma palavra latina para a "sophismata"[123] do grego. Muitos tentaram definir o termo, mas nenhuma tradução acabou sendo aceita. Isso é natural, na medida em que a própria coisa não foi admitida em uso geral entre nós; o nome também encontrou a oposição. Mas a palavra que Cícero usou parece-me mais adequada: ele os chama de "cavillationes".[124]

02. Se um homem se entregou a ela, ele tece uma sutileza complicada, mas não faz nenhum progresso em direção à vida real. Ele não se torna mais valente, nem mais comedido, nem mais elevado em espírito. Aquele, no entanto, que pratica a filosofia para efetuar sua própria cura, torna-se de grande alma, cheio de confiança, invencível e maior à medida que se aproxima da filosofia.

03. Este fenômeno é visto no caso de montanhas altas, que parecem menos elevadas quando vistas de longe, mas que demonstram claramente quão altos são os picos quando você se aproxima delas; assim, meu querido Lucílio, é nosso verdadeiro filósofo, verdadeiro por seus atos e não por seus truques. Ele está em um lugar alto, digno de admiração, elevado e realmente ótimo. Ele não se estica nem anda na ponta dos pés como aqueles que procuram melhorar sua altura por truques, desejando parecer mais altos do que realmente são. Ele está contente com sua própria grandeza.

04. E por que ele não estaria contente em ter crescido a tal altura que a Fortuna não possa mais alcançar com suas mãos? Ele está, portanto, acima das coisas terrenas, impassível em todas as condições, se o curso da vida é livre, ou se ele é atacado e viaja em mares perturbados e desesperados; mas essa firmeza não pode ser obtida por meio de sutilezas como acabei de mencionar. A mente brinca com elas, mas não há lucro; a mente em tais casos está simplesmente arrastando a filosofia de suas alturas para o chão.

05. Eu não proibiria você de praticar tais exercícios ocasionalmente, mas que seja em momentos em que você não deseja fazer nada. A pior característica, no entanto, que essas indulgências apresentam é que elas adquirem uma espécie de charme inato, ocupando e prendendo a alma por uma demonstração de sutileza. Embora assuntos tão mais importantes reivindiquem nossa atenção e toda uma vida pareça insuficiente para aprender o princípio único do desprezo à vida. "O quê? Você não quis dizer 'controle' em vez de 'desprezo'?" Não; "controlar" é a segunda tarefa; pois ninguém controla sua vida a menos que tenha aprendido a desprezá-la.

Mantenha-se Forte. Mantenha-se Bem.

XX.
SOBRE REFORMAR PECADORES CONTUMAZES

Saudações de Sêneca a Lucílio.

01. Estou realmente desejoso de que seu amigo seja moldado e treinado, de acordo com seus desejos. Mas ele foi levado em um estado muito endurecido, ou melhor dizendo – e este é um problema mais difícil –, em um estado muito amolecido, quebrado por hábitos ruins e arraigados. Gostaria de lhe dar uma ilustração do meu próprio trabalho manual.[125]

02. Não é toda videira que admite o processo de enxerto, se for velha e decaída ou se for fraca e esguia, a videira não receberá o enxerto ou não o alimentará tornando-o parte de si mesma, nem se acomodará às qualidades e natureza da parte enxertada. Por isso, normalmente, cortamos a videira acima do solo, de modo que se não obtivermos resultados no início, podemos tentar um segundo empreendimento, enxertando abaixo do chão.

03. Agora, essa pessoa, sobre quem você me enviou sua mensagem por escrito, não tem força; porque ele mimou seus vícios. Ele, ao mesmo tempo, tornou-se flácido e endurecido. Ele não pode receber razão, nem pode nutri-la. "Mas", você diz, "ele deseja a razão de sua própria vontade". Não acredite nele. Claro que não quero dizer que ele está mentindo para você, pois ele realmente pensa que ele deseja. A luxúria simplesmente molesta seu estômago, ele logo se reconciliará com isso novamente.

04. "Mas ele diz que ele abandonou seu modo de vida anterior". Muito provável. Quem não o fez? Os homens amam e odeiam seus vícios ao mesmo tempo. Será a estação adequada para julgá-lo quando ele nos der uma garantia de que realmente odeia a libertinagem; a situação agora é que, a luxúria e ele simplesmente não estão se falando, estão "de mal".

Mantenha-se Forte. Mantenha-se Bem.

XXI.
SOBRE A VAIDADE DA ALMA E SEUS ATRIBUTOS

Saudações de Sêneca a Lucílio.

01. Você deseja que eu lhe apresente minha opinião sobre esta questão, que foi discutida em nossa escola, ou seja, se a justiça, a coragem, a prudência e demais virtudes são coisas animadas.[126] Com tantas minúcias como esta, meu amado Lucílio, fizemos as pessoas pensarem que aguçamos nossa inteligência em objetivos inúteis e desperdiçamos nosso tempo de ócio em discussões que não serão lucrativas. No entanto, eu devo fazer o que você pede e devo apresentar o assunto conforme nossa escola. Por mim, eu confesso a outra crença: considero que existam certas coisas que somente se adequam a um portador de sapatos brancos e um manto grego.[127] Mas quais crenças que agitaram os antigos ou aquelas que os antigos agitaram para discussão, eu vou explicar a você.

02. A alma, os homens estão de acordo, é uma coisa viva, animada, pois por si só pode fazer coisas vivas e porque os *"seres animados"* herdaram o seu nome a partir dela. Mas a virtude não é senão uma alma em certa condição, portanto, é uma coisa viva. Mais uma vez, a virtude é ativa e nenhuma ação pode ocorrer sem impulso. E se uma coisa tem impulso, deve ser uma coisa viva, pois ninguém, exceto um ser vivo, possui impulso.

03. Uma objeção a isso seria: "Se a virtude é um ser animado, a virtude própria possui virtude". É claro que possui a si própria! Assim como o sábio faz tudo por causa da virtude, a virtude cumpre tudo por causa de si mesma. "Nesse caso", dizem eles, "todas as artes também são coisas vivas e todos os nossos pensamentos e tudo o que a mente compreende. Portanto, segue que muitos milhares de seres vivos habitam no coração minúsculo do homem e que cada indivíduo entre nós consiste, ou pelo menos contém, muitos seres vivos". Você está irritado por esta observação? Quer saber como se pode responder a esta objeção? Dizendo que cada um desses será um ser vivo, sem que formem um conjunto de seres animados. E por quê? Eu vou explicar, se você aplicar toda sua argúcia e concentração às minhas palavras.

04. Cada ser vivo deve ter uma substância separada, mas como todas as coisas mencionadas acima têm uma alma única, consequentemente podem ser seres vivos separados, mas sem pluralidade. Eu mesmo sou um ser vivo e um homem; mas você não pode dizer que há dois de mim por esse motivo. E por quê? Porque, se fosse assim, eles deveriam ser duas existências separadas. Isto é o que quero dizer: um teria que ser separado do outro para produzir dois. Mas sempre que você tem o que é múltiplo em um todo, ele cai na categoria de uma única natureza e, portanto, é único.

05. Minha alma é uma coisa viva e eu também, mas não somos dois seres separados. E por quê? Porque a alma é parte de mim mesmo. Só será considerada como algo definido em si mesma quando subsistir individualmente. Mas, enquanto for parte de outro, não pode ser considerada distinta. E por quê? Eu lhe direi: é porque o que é distinto deve ser pessoal e peculiar em si mesmo, um todo e completo fechado sobre si mesmo.

06. Eu mesmo já havia dito ser de opinião diferente, pois, se adotarmos essa crença, não só as virtudes serão seres vivos, mas também os seus vícios opostos e as emoções, como a ira, o medo, o sofrimento e a desconfiança. Não, o argumento nos levará ainda mais longe – todas as opiniões e todos os pensamentos serão coisas vivas. Isso não é admissível, já que qualquer coisa que o homem faça não é necessariamente o próprio homem.

07. "O que é justiça?", as pessoas perguntam. A justiça é uma alma que se mantém em certa atitude. "Então, se a alma é um ser vivo, também é a justiça". De jeito nenhum. Pois a justiça é realmente um estado, uma espécie de poder da alma e essa mesma alma se transforma em várias similitudes e não se torna um tipo diferente de ser vivo sempre que age de forma distinta. Nem o resultado da ação da alma é uma coisa viva.

08. Se a justiça, a coragem e as outras virtudes tiverem vida real, elas deixam de ser seres vivos e então começam a viver novamente ou são sempre seres vivos? Mas as virtudes não podem deixar de existir. Portanto há muitos, ou melhor, inúmeros seres vivos que residem temporariamente nesta alma.

09. "Não", é a resposta, "nem muitos, porque estão todos ligados a um, sendo partes e membros de um todo único". Estamos então retratando para nós uma imagem da alma como a de uma hidra de múltiplas cabeças – cada cabeça separada lutando e destruindo de forma independente. E, no entanto, não há coisa viva separada para cada cabeça. É a cabeça de uma coisa viva, e a própria hidra é uma única coisa viva. Ninguém jamais acreditou que a Quimera[128] continha um leão vivo ou uma serpente viva; estas eram apenas partes da quimera inteira e partes não são coisas vivas.

10. Então, como você pode inferir que a justiça é uma coisa viva? "Justiça", as pessoas respondem, "é ativa e útil, o que age e é útil, possui impulso, e aquele que possui impulso é um ser vivo". É verdade, se o impulso é próprio. Mas, no caso da justiça, não é, o impulso vem da alma.

11. Todo ser vivo existe na mesma natureza em que se iniciou até a morte; um homem, até que ele morra, é um homem, um cavalo é um cavalo, um cachorro é um cachorro. Eles não podem se transformar em nada mais. Agora, conceda que a justiça, que é definida como "uma alma em uma determinada atitude", seja uma coisa viva. Vamos supor que seja assim. Então a coragem também está viva, sendo "uma alma com certa atitude". Mas qual alma? A que foi definida antes como justiça? A alma é mantida dentro do primeiro ser nomeado e não pode transmutar para outro, deve durar a sua existência no meio onde teve sua origem.

12. Além disso, não pode haver uma alma para dois seres vivos, muito menos para muitos seres vivos. E se justiça, coragem, prudência e todas as outras virtudes são seres vivos, como elas terão uma alma? Elas devem possuir almas separadas ou então não são coisas vivas.

13. Vários seres vivos não podem ter um só corpo, isso é admitido por nossos próprios adversários. Agora, o que é o "corpo" da justiça? "A alma", eles assumem. E da coragem? "A alma também". E, no entanto, um único corpo não pode pertencer em simultâneo a dois seres animados.

14. "A mesma alma, no entanto", eles respondem, "assume a aparência da justiça ou coragem ou prudência." Isso seria possível se a coragem estivesse ausente quando a justiça estiver presente e se prudência estivesse ausente quando coragem estiver presente; como é o caso agora, todas as virtudes existem ao mesmo tempo. Então como virtudes separadas podem ser seres vivos, se você admite que existe uma única alma, que não pode criar mais do que um único ser vivo?

15. Novamente, nenhum ser vivo faz parte de outro ser vivo. Mas a justiça é parte da alma; portanto, a justiça não é uma coisa viva. Parece que estava perdendo tempo em algo que é um fato reconhecido, pois alguém deveria criticar esse tópico em vez de debatê-lo. E não há dois seres vivos iguais. Considere os corpos de todos os seres: cada um tem a sua cor, forma e tamanho particulares.

16. E entre as outras razões para se maravilhar com o gênio do divino criador é, eu acredito, isto: que, em toda essa abundância, não há repetição; mesmo aparentemente semelhantes, as coisas são, em comparação, distintas. A divindade criou todo o grande número de folhas que vemos: cada uma, no entanto, está marcada com seu padrão especial. De todos os muitos animais: nenhum se parece com outro – sempre há alguma diferença! O criador estabeleceu a tarefa de fazer coisas diferentes e desiguais; mas todas as virtudes, como seu argumento afirma, são iguais. Portanto, elas não são coisas vivas.

17. Todo ser vivo age por si só; mas a virtude não faz nada por si mesma; deve agir em conjunto com o homem. Todos os seres vivos são dotados de razão, como homens e deuses, ou são irracionais, como animais selvagens ou domésticos. As virtudes, em qualquer caso, são racionais. E mesmo assim não são homens nem deuses portanto, elas não são coisas vivas.

18. Todo ser vivo possuído de razão é inativo se não for provocado pela primeira vez por alguma impressão externa; então o impulso vem, e finalmente o consentimento confirma o impulso. Agora, o que é consentimento, eu vou explicar. Suponha que eu queira dar um passeio: eu ando, mas só depois de pronunciar o comando para mim e ter aprovado esta minha opinião. Ou suponha que eu deva me sentar; eu me sento, mas só depois do mesmo processo. Esse consentimento não é parte da virtude.

19. Vamos supor que seja prudência; como irá a prudência concordar com a opinião: "Devo eu dar uma volta?" A natureza não permite isso. Pois a prudência cuida dos interesses de seu possuidor e não de si mesmo.

A prudência não pode andar nem se sentar. Consequentemente, não possui o poder do consentimento e não é um ser vivo possuído de razão. Mas se a virtude é uma coisa viva, é racional. Mas não é racional, portanto, não é um ser vivo.

20. Se a virtude é uma coisa viva e a virtude é um bem – não seria então, todo bem um ser vivo?[129] Isto é o que nossa escola professa. Agora, salvar a vida de um pai é um bem, também é um bem pronunciar no senado a opinião de uma pessoa criteriosa e é um bem entregar opiniões justas, portanto, o ato de salvar a vida de um pai é uma coisa viva, também o ato de pronunciar opiniões criteriosas. Nós esticamos este argumento absurdo tanto que você não pode evitar de rir de maneira definitiva: o prudente silêncio do sábio é um bem e também é um jantar frugal; portanto, silêncio e jantar são coisas vivas.

21. Na verdade, eu nunca deixarei de fazer cócegas na minha mente e fazer esporte por meio desta bela idiotice. Justiça e coragem, se elas são seres vivos, certamente seriam animais terrestres. Agora, todo ser terreno sente frio, fome ou sede; portanto, a justiça sente um pouco de frio, a coragem está com fome, e a prudência anseia uma bebida!

22. E o que vem depois? Não devo perguntar aos nossos ilustres adversários o que forma esses seres vivos? É o homem ou cavalo ou animal selvagem? Se eles dizem uma forma redonda, como a de um deus, devo perguntar se a ganância, a luxúria e a loucura são igualmente redondas.[130] Pois estas também são "seres vivos". Se eu achar que dão uma forma arredondada para estas também, eu vou chegar ao ponto de perguntar se uma forma modesta de andar é uma coisa viva, eles devem admitir isso, de acordo com este argumento e continuar a dizer que uma marcha é uma coisa viva, e uma coisa viva arredondada ainda por cima!

23. Agora, não imagine que eu sou o primeiro da nossa escola que não segue o manual, mas tem sua própria opinião: Cleantes e seu discípulo Crisipo não conseguiram concordar em como definir o ato de andar. Cleantes afirmou que era espírito transmitido aos pés pela essência primordial, enquanto Crisipo sustentava que era a essência primordial em si mesma.[131] Por que, seguindo o exemplo do próprio Crisipo, não deveria todo homem reivindicar sua própria liberdade e rir de todos esses "seres vivos", tão numerosos que o próprio universo não pode contê-los?

24. Pode-se dizer: "As virtudes não são muitas coisas vivas e, no entanto, elas são coisas vivas. Pois assim como um indivíduo pode ser poeta e orador em um só, mesmo assim essas virtudes são seres vivos, mas não são muitos. A alma é a mesma, pode ser ao mesmo tempo justa, prudente e corajosa, mantendo-se em certa atitude em relação a cada virtude".

25. A disputa está resolvida e, portanto, estamos de acordo. Pois devo admitir, entretanto, que a alma é uma coisa viva com a condição de que, mais tarde, eu possa votar definitivamente; mas eu nego que os atos da alma sejam seres vivos. Caso contrário, todas as palavras e todos os versos estarão vivos; pois se o discurso prudente é um bem e todo bem é um ser vivo, então o discurso é um ser vivo. Uma linha prudente de poesia é um bem, tudo vivo é um bem; portanto, a linha de poesia é uma coisa viva. E então, "Eu canto de armas e heróis" é uma coisa viva, mas eles não podem chamar isso de redondo, porque tem seis pés![132]

26. "Toda essa proposição", você diz, "que estamos discutindo neste momento, é uma teia completamente enredada!".[133] Eu me ponho a rir quando reflito que os solecismos e os barbarismos e os silogismos são seres vivos e, como um artista, dou a cada um uma aparência adequada. É isso que discutimos com a feição contraída e a testa enrugada? Não posso dizer agora, como Célio, "que insignificância melancólica!". É mais do que isso; é absurdo. Por que não preferimos discutir algo que seja útil e saudável para nós mesmos, buscando como podemos alcançar as virtudes e encontrar o caminho que nos levará naquela direção?

27. Ensine-me, não se a coragem é uma coisa viva, mas a provar que nenhum ser vivo é feliz sem coragem, isto é, a menos que tenha crescido forte para se opor aos perigos e superar todos os ataques da Fortuna ensaiando e antecipando seu golpe. E o que é coragem? É a fortaleza inexpugnável da nossa fraqueza mortal; quando um homem se cercou dela, ele pode manter-se livre da ansiedade durante o cerco da vida; pois ele está usando sua própria força e suas próprias armas.

28. Neste ponto, eu citaria um ditado do nosso filósofo Posidônio: "Nunca há ocasiões em que você deva se considerar seguro porque você usa as armas da Fortuna, lute com a sua própria! A Fortuna não fornece armas contra si mesma; por isso os homens estão equipados contra seus inimigos, mas desarmados contra a Fortuna".

29. Alexandre, com certeza, saqueou e colocou em fuga os persas, os hircanianos, os indianos e todas as outras raças que o oriente espalha até o oceano; mas ele mesmo, enquanto matava um amigo ou perdia outro, deitava na escuridão lamentando às vezes seu crime, e às vezes sua perda. Ele, o conquistador de tantos reis e nações, foi abatido por raiva e tristeza! Pois ele tinha feito seu objetivo ganhar o controle sobre tudo, exceto sobre as próprias emoções.

30. Com que grandes erros os homens são obcecados, que desejam empurrar os limites de seu império além dos mares, que se julgam prósperos quando ocupam muitas províncias com suas forças armadas e anexam um novo território aos antigos! Pouco eles conhecem desse reino que está em igualdade com os céus na grandeza: o poder de nos dominarmos a nós mesmos!

31. Deixe ensinar-me que uma coisa sagrada é a justiça que considera o bem de outro e não busca nada para si, exceto seu próprio emprego. Não deve ter nada a ver com ambição e reputação, deve se satisfazer em si mesma. Deixe cada homem convencer-se disso antes de tudo – "Eu devo ser justo sem buscar recompensa". E isso não é suficiente; deixe-me convencê-lo também disto: "Por esta inestimável virtude devemos estar prontos para arriscar a vida, abstendo-nos o mais possível de quaisquer considerações de comodidade pessoal". Você não precisa procurar a recompensa por uma ação justa; uma ação justa em si oferece o maior retorno.

32. Coloque fundo em sua mente o que eu disse agora: que não faz diferença a quantidade de pessoas que estão familiarizadas com sua retidão. Aqueles que desejam que suas virtudes sejam anunciadas não estão lutando pela virtude, mas pelo renome. Você não está disposto a ser justo sem ser reconhecido? Pois fique sabendo: muitas vezes não poderá ser justo sem que façam mau juízo de você! Em tal circunstância, se você for sábio, deixe a má reputação, bem ganha, ser um deleite. Adeus.

Mantenha-se Forte. Mantenha-se Bem.

XXII.
SOBRE O ESTILO COMO UM ESPELHO DO CARÁTER

Saudações de Sêneca a Lucílio.

01. Você me perguntou por que, em certos períodos, aparece um estilo de fala degenerado e como é que a inteligência dos homens cai em certos vícios de tal forma que a linguagem, ao mesmo tempo, assume um tipo de força exagerada e em outro torna-se macia e modulada como a música de uma peça de concertos. Você se pergunta por que às vezes as ideias ousadas – mais ousadas do que se poderia acreditar – foram tidas como favoráveis e por que outras vezes se confrontam com frases que estão desconectadas e cheias de insinuações, nas quais se deve ler mais significado do que se destinava a atender a orelha. Ou por que houve épocas que defenderam o direito a um uso descarado da metáfora. Para responder, aqui está uma frase que você costuma notar no discurso popular, uma que os gregos fizeram em um provérbio: "O discurso do homem é um reflexo da sua vida".[134]

02. Exatamente como as ações individuais de cada homem parecem falar, o estilo de expressão das pessoas muitas vezes reproduz o caráter geral da época, se a moral do público se relaxou e se entregou à afeminação. Liberalidade em discurso é prova da dissolução social se é popular e na moda e não se limita a uma ou duas instâncias individuais.

03. A habilidade de um homem não pode ser de um tipo e sua alma de outro. Se sua alma é saudável, bem ordenada, séria e restrita, sua habilidade também é sólida e sóbria. Por outro lado, quando a pessoa degenera, a alma também está contaminada. Você não vê que quando a alma de um homem se tornar preguiçosa, seus membros se arrastam e seus pés se movem indolentemente? Se é afeminada, pode-se detectar a afeminação por seu próprio caminhar? Que uma alma afiada e confiante acelera o passo? Que loucura na alma, ou raiva (que se assemelha a loucura), precipita nossos movimentos corporais do caminhar até o correr? Todos estes sintomas se tornarão mais evidentes ainda no que concerne ao espírito, já que este está totalmente impregnado pela alma, da qual recebe a sua forma, da qual obedece aos comandos, a cuja lei se submete!

04. Como Mecenas vivia é muito conhecido por todos atualmente. Sabemos como ele andava, quão afeminado ele era e como ele desejava se exibir; também, quão relutante era para que seus vícios escapassem despercebidos. O que, então? A frouxidão de seu discurso não combina com seu traje indolente? Seus hábitos, seus atendentes, sua casa, sua esposa, estão menos marcados que suas palavras? Ele teria sido um homem de grandes poderes, se ele se dirigisse por um caminho direto, se ele não tivesse se eximido de se fazer entender, se ele não estivesse tão frouxo no estilo de sua fala. Você verá, portanto, que sua eloquência era a de um homem embriagado – distorcendo, girando, ilimitado em sua displicência.

05. O que é mais indecoroso do que as palavras: "Um córrego e uma margem cobertos com longas madeiras trançadas?". E veja como "os homens cruzam o canal com barcos e, subindo as águas rasas, deixam jardins atrás deles". Ou: "Ele enrola suas madeixas de senhora, contas e bicos e começa a suspirar, como um senhor da floresta que oferece orações com pescoço curvado". Ou, "Uma equipe pecaminosa, eles buscam as pessoas nas festas e assaltam os lares com o copo de vinho e, pela esperança, morte exata". Ou, "Um gênio dificilmente pode dar testemunho de sua própria festa"; ou "fios de minúsculos círios e estalidas refeições; mães ou esposas que vestem a soleira".[135]

06. Você não pode imaginar imediatamente, ao ler essas palavras, que este foi o homem que sempre desfilou pela cidade com uma túnica fluida? Pois, mesmo que ele estivesse cumprindo os deveres do imperador ausente, ele estava sempre em desvantagem quando lhe pediam a assinatura. Ou que este era o homem que, como juiz no tribunal, ou como orador, ou em qualquer função pública, apareceu com a capa envolvida em sua cabeça, deixando apenas os ouvidos expostos, como os escravos fugitivos do milionário na farsa? Ou que este era o homem que, no momento em que o Estado estava envolvido em conflitos civis, quando a cidade estava em dificuldades e sob a lei marcial, era atendido em público por dois eunucos – ambos mais homens do que ele? Ou que este era o homem que tinha apenas uma esposa e ainda assim celebrou seu casamento inúmeras vezes?

07. Essas palavras dele, colocadas tão defeituosamente, jogadas tão descuidadamente e dispostas em contraste tão acentuado com a prática usual, declaram que o caráter de seu escritor era igualmente incomum, insípido e excêntrico. Com certeza, conferimos a ele o maior elogio por sua benevolência. Ele era comedido com a espada e se absteve de derramamento de sangue. E ele deu mostras de seu poder apenas no curso de sua vida desregrada, mas ele estragou, por um estilo tão absurdo, esse elogio genuíno, que lhe era devido.

08. Pois é evidente que ele não era realmente brando, mas afeminado, como é provado por sua palavra enganosa, suas expressões invertidas e os pensamentos surpreendentes que muitas vezes contiveram algo grande, mas ao encontrar expressão tornaram-se sem energia. Pode-se dizer que sua cabeça foi transformada por um sucesso muito grande. Esta falha é devida às vezes ao homem e às vezes a sua época.

09. Quando a prosperidade espalha o luxo por todo o lado, os homens começam por prestar mais atenção à sua aparência pessoal. Então ficam loucos pela mobília. Em seguida, eles dedicam atenção às suas casas – como ocupar mais espaço com elas, como se fossem casas de campo, como fazer as paredes brilharem com mármore que foi importado pelos mares, como adornar um telhado com ouro, para que então possa combinar com o brilho dos pisos. Depois disso, eles transferem seu sabor requintado para a mesa do jantar, tentando conseguir aprovação pela novidade e pelas saídas da ordem habitual dos pratos, de modo que os pratos que estamos acostumados a servir no final da refeição podem ser servidos primeiro e para que os hóspedes que partem possam participar do tipo de comida que nos dias anteriores fora servida na chegada.

10. Quando a mente adquire o hábito de desprezar as coisas usuais da vida e considerar como medíocre o que era habitual, começa a buscar novidades na fala também; agora convoca e exibe palavras obsoletas e antiquadas; agora aplica palavras desconhecidas ou as usa com erro. E agora um uso metafórico arrojado e frequente é uma característica especial de estilo, de acordo com a moda que acabou de se tornar predominante.

11. Alguns cortam curto os pensamentos, na esperança de fazer uma boa impressão deixando o significado em dúvida e fazendo com que o ouvinte suspeite de sua própria falta de inteligência. Alguns se debruçam sobre eles e os alongam. Outros, também, se aproximam da falha – pois um homem deve realmente fazer isso se ele quiser alcançar um efeito imponente – mas, de fato, ama a falha por conta própria. Em suma, sempre que você percebe que um estilo degenerado satisfaz os críticos, pode ter certeza de que a moralidade também se desviou do padrão certo. Assim como os banquetes luxuosos e o vestido elaborado são indicações de doença na sociedade, do mesmo modo um estilo leniente, se é popular, mostra que a mente (que é a fonte da linguagem) perdeu seu equilíbrio. Na verdade, você não deve imaginar que o discurso corrupto seja comum não apenas pela multidão mais miserável, mas também pelo nosso círculo mais culto; pois é apenas nas vestes e não em seus discernimentos que se diferem.

12. Você pode imaginar que não só os efeitos dos vícios, mas até os próprios vícios, sejam aprovados. Pois já foi assim: nenhuma habilidade de alguém foi aprovada sem que algo tenha sido perdoado. Mostre-me qualquer homem, por mais famoso que seja; posso dizer o que era que sua época perdoava nele e o que era que sua época negligenciava. Posso mostrar-lhe muitos homens cujos vícios não causaram nenhum mal, e não poucos que foram até mesmo ajudados por esses vícios. Sim, vou mostrar-lhe pessoas de maior reputação, tidas como modelos para nossa admiração e, no entanto, se você tentar corrigir seus erros, você os destruirá; pois os vícios estão tão entrelaçados com as virtudes que eles arrastam as virtudes junto com eles.

13. Além disso, o estilo não tem leis fixas; é alterado pelo uso das pessoas, nunca é o mesmo por qualquer período de tempo. Muitos oradores retornam a épocas anteriores para o seu vocabulário, falando na linguagem das Doze Tábuas.[136] Graco, Crasso e Curião, aos seus olhos, são muito refinados e muito modernos; então de volta a Ápio e Coruncânio! Por outro lado, certos homens, em seu esforço para manter nada além do bem usado e comum, caem em um estilo enfadonho.

14. Essas duas classes, cada uma à sua maneira, são degeneradas e não é menos degenerado utilizar palavras, exceto aquelas que são visíveis, sonoras e poéticas, evitando o que é familiar e de uso comum. Um é, segundo acredito, tão defeituoso quanto o outro: uma classe é razoavelmente elaborada, a outra é negligente; os primeiros depilam a perna, o último nem a axila.

15. Passemos agora à disposição das palavras. Neste departamento, inúmeras variedades de falhas eu posso mostrar a você! Algumas são todas por brusquidão e desigualdade de estilo, desarranjando propositalmente qualquer coisa que pareça ter um fluxo suave de linguagem. Eles precisavam ter solavancos em todas as suas transições; eles consideram como forte e viril o que quer que seja que cause uma impressão desigual no ouvido. Com alguns outros, não é tanto um "arranjo" de palavras, mas um cenário para a música; assim, o seu estilo de deslizamento é suave e agudo.

16. E o que devo dizer desse arranjo em que as palavras são adiadas e, depois de esperar por muito tempo, apenas conseguem entrar no final de uma frase? Ou, mais uma vez, esse estilo de conclusão suave, a moda de Cícero, com uma descida gradual e suavemente equilibrada e sempre com o arranjo habitual do ritmo! Nem a culpa é apenas no estilo das frases, se elas são triviais e infantis, ou degradantes, com mais ousadias que a modéstia deva permitir, ou se elas são floridas e enjoativas, ou se acabarem no vazio, realizando mero som e nada mais.

17. Alguns indivíduos colocam esses vícios na moda – uma pessoa que controla a eloquência do dia – o resto segue sua liderança e compartilha o hábito entre outros. Assim, quando Salústio[137] estava em sua glória, as frases foram cortadas, as palavras chegaram a um fim inesperado e a concisão obscura era equivalente à elegância. Lúcio Arrúncio, um homem de rara simplicidade, autor de um trabalho histórico sobre a Guerra Púnica, era membro e forte defensor da escola de Salústio. Há uma frase em Salústio: "*exercitum argento fecit*", que significa que ele recrutou um exército por meio de dinheiro do próprio bolso. Arrúncio começou a gostar desta ideia. Ele, portanto, inseriu o verbo "*facio*" por todo seu livro. Assim, em uma passagem, "*nostris fecere*" em outra "*Hiero, rex Syracusanorum, bellum fecit*". E em outra "*quae audita Panhormitanos dedere Romanis fecere*".

18. Eu simplesmente desejei dar-lhe uma prova; todo o livro está entretecido com coisas como esta. O que Salústio reservava para uso ocasional,

Arrúncio faz um hábito frequente e quase contínuo. E havia um motivo: pois Salústio usava as palavras quando elas ocorriam em sua mente, enquanto o outro escritor vai longe em busca delas. Então você vê os resultados de se copiar os vícios de outro homem.

19. Mais uma vez, Salústio disse: *"Aquis hiemantibus"*. Arrúncio, em seu primeiro livro sobre a Guerra Púnica, usa as palavras: *"Repente hiemavit tempestas"*. E em outros lugares, desejando descrever um ano excepcionalmente frio, ele diz: *"Totus hiemavit annus"*. E em outra passagem: *"Inde sexaginta onerarias leves praeter militem et necessarios nautarum hiemante aquilone misit"*; e ele continua a reforçar muitas passagens com essa metáfora. Em certo lugar, Salústio usa as palavras: *"Inter arma civilia aequi bonique famaspetit"* e Arrúncio não pode restringir-se de mencionar de imediato, no primeiro livro, que havia extensos "lembretes" sobre Régulo.

20. Essas e falhas semelhantes, que imitam o estilo de alguém, não são necessariamente indicações de padrões frouxos ou de mente degradada; pois elas são obrigadas a ser pessoais e peculiares ao escritor, permitindo que julgue, assim, o temperamento de um autor particular. Assim como um homem irritado conversará de uma maneira irritada, um homem excitável, de uma maneira turbulenta e um homem afeminado, com um estilo suave e indeciso.

21. Você observa essa tendência naqueles que arrancam suas barbas, ou que cortam e raspam o lábio superior, preservando o resto da barba e permitindo que ela cresça, ou naqueles que usam mantos de cores esquisitas, que usam togas transparentes e que nunca se dignam fazer nada que escape à notificação geral. Eles se esforçam para excitar e atrair a atenção dos homens e eles se colocam até sob risco de censura, desde que possam anunciar-se. Esse é o estilo de Mecenas e todos os outros que se desviam do caminho, não por casualidade, mas consciente e voluntariamente.

22. Este é o resultado do grande mal da alma. Como no caso de beber, a língua não tropeça até que a mente seja superada sob sua carga e ceda ou se traia; do mesmo modo que a intoxicação do estilo – o que mais que isso, posso chamá-la? – nunca dá problemas a ninguém, a menos que a alma comece a cambalear. Portanto, eu digo, cuide da alma; pois da alma surgem nossos pensamentos, da alma nossas palavras, da alma

nossas disposições, nossas expressões e nossa própria marcha. Quando a alma é sólida e forte, o estilo também é vigoroso, enérgico, viril; mas se a alma perder o equilíbrio, o resto está em ruínas.

> **23.** Quando o rei está incólume um só espírito reina, mas morto rompem-se os laços sociais.
>
> Rege incolumi mens omnibus una est; Amisso rupere fidem.[138]

A alma é o nosso rei. Se estiver segura, as outras funções permanecem em serviço e servem com obediência, mas a menor falta de equilíbrio na alma faz com que elas vacilem junto. E quando a alma cede ao prazer, suas funções e ações se tornam fracas e qualquer empreendimento vem de uma fonte sem energia e instável.

24. Para persistir no uso desse símile – nossa alma é ao mesmo tempo um rei, e em outro, um tirano. O rei, na medida em que respeita estritamente a moralidade, vigia o bem-estar do corpo que é confiado à sua carga e não dá a esse corpo comandos vis ou ignóbeis. Mas uma alma descontrolada, apaixonada e afeminada muda a liderança para a mais terrível e detestável qualidade – a tirania; então, torna-se uma presa das emoções descontroladas, que segue seus passos, exaltada no início, com certeza, como uma população ociosamente saciada com uma dádiva que acabará por destruir e estragar o que não pode consumir.

25. Mas, quando a doença gradualmente consome a força, e os hábitos luxuosos penetraram na medula e nos nervos, tal alma triunfa à vista de membros que, por meio de sua indulgência, tornaram inútil. Em vez de seus próprios prazeres, ela vê os de outros; torna-se a intermediária e a testemunha das paixões que, como resultado da autogratificação, não podem mais sentir. A abundância de delícias não é tão agradável para aquela alma como é amarga, porque não pode enviar todas as iguarias de antes através da garganta e do estômago sobrecarregados, porque não pode mais rebolar-se entre uma multidão de pederastas e prostitutas, e é melancólica porque uma grande parte de sua felicidade é cortada, por meio das limitações do corpo.

26. Não é loucura, Lucílio, nenhum de nós refletir sermos mortais? Ou frágeis? Ou novamente que somos apenas indivíduos? Olhe para nossas cozinhas e os cozinheiros que se agitam sobre tantos fogões; será, pense, por uma única barriga que toda essa agitação e preparação de alimentos ocorre? Olhe para as antigas marcas de vinhos e armazéns preenchidos com as safras de muitas eras; será, pense, que uma única barriga irá receber o vinho armazenado, selado com os nomes de tantos cônsules e recolhido de tantos vinhedos? Olhe e perceba em quantas regiões os homens aram a terra e quantos milhares de agricultores estão cultivando e cavando; será, pense, para uma única barriga que grãos são plantados na Sicília e na África?

27. Devemos ser sensíveis e nossa vontade mais razoável; se cada um de nós fizesse um inventário de si mesmo, e também medisse suas necessidades corporais e entendesse o pouco que pode consumir e por quanto tempo! Mas nada lhe dará tanta ajuda para a moderação, como o pensamento frequente de que a vida é curta e incerta aqui na Terra; o que quer que você esteja fazendo, nunca deixe de pensar na morte.

Mantenha-se Forte. Mantenha-se Bem.

XXIII.
SOBRE AS BÊNÇÃOS SUPERFICIAIS

Saudações de Sêneca a Lucílio.

01. Desejo, meu querido Lucílio, que você não seja muito detalhista em relação às palavras e ao seu estilo; eu tenho maiores questões do que essas para recomendar seus cuidados. Você deve procurar o que escrever, em vez de como escrevê-lo – e mesmo que não seja para escrever, mas para sentir, que você possa fazer o que sentiu mais seu e, por assim dizer, estabelecer uma marca nisto.

02. Sempre que você perceber um estilo que é muito cuidadoso e muito rebuscado, pode ter certeza de que vem de uma alma também não menos absorvida em pequenas bagatelas. O homem realmente grande fala informal e facilmente; o que quer que ele diga, ele fala com segurança e não com preocupação estilística. Você está familiarizado com os jovens janotas, bem como suas barbas e madeixas, frescos da barbearia. Você nunca pode esperar deles nenhuma força ou qualquer solidez. O estilo é a aparência: se for cortado, tingido ou tratado, mostra que existem defeitos e uma certa quantidade de falhas na alma. Não é coisa digna de homens o cuidado extremo com elegância e vestuário!

03. Se tivéssemos o privilégio de olhar para a alma de um bom homem, que rosto justo, santo, magnífico, gracioso e brilhante deveríamos contemplar – radiante de um lado com justiça e temperança, de outro com bravura e sabedoria! E, além disso, a frugalidade, a moderação, a resistência, o refinamento, a afabilidade e, embora difícil de acreditar, o amor aos homens, o bem que é tão raro no homem, tudo isso verteria sua própria glória sobre aquela alma. Lá, também, a premeditação combinada com a elegância e, como resultado, uma excelente grandeza de alma (a mais nobre de todas essas virtudes) – de fato, que encanto, ó céus, que autoridade e dignidade mostrariam! Que maravilhosa combinação de doçura e poder! Ninguém poderia chamar tal rosto de cativante sem também chamá-lo de venerável.

04. Se alguém pudesse contemplar esse rosto, mais exultante e radiante do que o olho mortal está acostumado, esse alguém não faria uma pausa, como se fosse paralisado por uma visita superior, e pronunciaria uma oração silenciosa, dizendo: "Seria sacrilégio ter visto isso?" E então, liderados pela bondade encorajadora de sua expressão, não deveríamos nos curvar e adorar? Não deveríamos, depois de muita contemplação de um semblante superior, superior àqueles que costumamos olhar, de olhos tão suaves e ainda assim brilhando com fogo vivificante – não deveríamos então, eu digo, com reverência e admiração, dar pronúncia às famosas linhas do nosso poeta Virgílio:

> **05.** Ó donzela, as palavras são fracas!
> Seu rosto é mais
> Do que mortal e sua
> voz soa mais doce
> Do que o homem mortal;
> -----
> Bendito seja você;
> E, quem você for, liberte
> Nossos pesados fardos.

> O quam te memorem, virgo?
> Namque haut tibi vultus
> Mortalis nee vox
> hominem sonat.
> ----
> Sis felix, nostrumque
> leves quaecumque laborem.[139]

E essa visão certamente será uma ajuda e um alívio para nós, se estivermos dispostos a adorá-la. Mas essa adoração não consiste no sacrifício de touros gordos ou em pendurar oferendas de ouro ou prata, ou em atirar moedas a um tesouro do templo; em vez disso, consiste em uma vontade que é respeitosa e justa.

06. Não há nenhum de nós, eu declaro a você, que não arderia com amor por essa visão de virtude, se tivesse o privilégio de vê-la; por enquanto, há muitas coisas que atrapalham nossa visão, perfurando-a com uma luz muito forte ou obstruindo-a com muita escuridão. Se, no entanto, como certas drogas costumam ser usadas para afiar e limpar a visão, também estivermos dispostos a libertar a mente dos obstáculos, então poderemos perceber a virtude, embora esteja enterrada no corpo

– mesmo que a pobreza fique no caminho e mesmo que a baixeza e a desgraça bloqueiem o caminho. Devemos, então, digo, ver essa verdadeira beleza, não importando que esta se esconda num corpo deformado, meio oculta pela miséria, sob a aparência capciosa de uma humilde posição social.

07. Por outro lado, teremos uma visão do mal e das influências maléficas de uma alma carregada de tristeza – apesar do obstáculo que resulta do brilho generalizado das riquezas e, apesar da falsa luz – do cargo oficial de um lado ou grande poder do outro – que batem impiedosamente no espectador.

08. Então, estará em nosso poder entender quão desprezíveis são as coisas que nós admiramos – como crianças que consideram cada brinquedo como uma coisa de valor, que apreciam colares comprados ao preço de um mero tostão como mais queridos do que seus pais ou do que seus irmãos. E qual, como diz Aríston, é a diferença entre nós e essas crianças, exceto que os adultos ficam loucos por pinturas e esculturas e que nossa loucura nos custa mais caro? As crianças ficam satisfeitas com os seixos lisos e matizados que elas pegam na praia, enquanto nos deleitamos em colunas altas de mármore raiado trazido de areias egípcias ou de desertos africanos para manter uma colunata ou uma sala de jantar grande o suficiente para conter uma multidão.

09. Admiramos paredes revestidas com uma fina camada de mármore, embora conheçamos os defeitos que o mármore esconde. Nós enganamos a nossa própria visão, e quando cobrimos nossos tetos com ouro, o que mais é senão uma mentira em que tomamos tanto prazer? Pois sabemos que, sob toda essa decoração, espreita uma madeira feia. Não só uma decoração tão superficial se espalhou apenas por paredes e tetos; além disso, todos os homens famosos que você observa pavoneando com a cabeça no ar, não têm nada além de uma prosperidade de folha de ouro. Olhe com cuidado e você saberá quanto mal está sob aquela fina camada de títulos.

10. Observe a mercadoria que mantém a atenção de tantos magistrados e tantos juízes, e que cria magistrados e juízes – o dinheiro, eu digo, que desde que começou a ser considerado com respeito, causou a ruína da verdadeira honra das coisas. Nos tornamos alternadamente

comerciantes e mercadorias e perguntamos não o que realmente é, mas quanto custa. Nós cumprimos deveres se formos pagos ou os negligenciamos se nos pagarem e seguimos um curso honrado, desde que incentivem nossas expectativas, prontos para virar para o curso oposto, se a conduta desonesta promete mais.

11. Nossos pais nos incutiram respeito pelo ouro e pela prata; em nossos primeiros anos, o desejo foi implantado, estabelecendo-se profundamente dentro de nós e foi desenvolvido com nosso crescimento. Então, toda a nação, embora em desacordo em qualquer outro assunto, concorda com isso; isto é o que eles consideram, isto é o que eles pedem para seus filhos, isto é o que eles dedicam aos deuses quando eles desejam mostrar sua gratidão – como se fosse o maior de todos os bens do homem! E, finalmente, a opinião pública chegou a um tal ponto que a pobreza é uma vaia e uma censura, desprezada pelos ricos e detestada pelos pobres.

12. Versos de poetas também são adicionados à conta – versos que contribuem para nossas paixões, versos em que a riqueza é louvada como se fosse o único crédito e glória do homem mortal. As pessoas parecem pensar que os deuses imortais não podem dar nenhum presente melhor do que a riqueza – ou mesmo possuir qualquer coisa melhor:

13. O palácio do deus do sol, com colunas altas, e brilhando com ouro.	Regia Solis erat sublimibus alta columnis Clara micante auro.[140]

Ou descrevem a carruagem do sol:

O ouro foi o eixo, dourado suporta a viga, E ouro os pneus que cobrem as rodas, E prata todos os raios das rodas.	Aureus axis erat, temo aureus, aurea summae Curvatura rotae, radiorum argenteus ordo.[141]

E finalmente, quando eles louvam uma época como a melhor, eles a chamam de "Idade de Ouro".

14. Mesmo entre os poetas trágicos gregos, há alguns que consideram riqueza melhor do que pureza, saúde ou boa reputação:

> Me chame um canalha,
> mas me chame de rico!
> Todos perguntam o quão ótimas
> são as minhas
> riquezas, mas ninguém
> Se a minha alma é boa. Ninguém
> pergunta o meio ou a fonte
> de sua propriedade,
> Mas meramente quanto isso
> totaliza. Todos os homens valem
> tanto quanto o que eles possuem.
> O que é mais vergonhoso
> para nós possuir? Nada!
> Se a riqueza me abençoa,
> eu adoraria viver;
> No entanto, eu prefiro
> morrer, se pobre for.
> Um homem morre nobremente
> em busca da riqueza.
> Dinheiro, essa bênção à raça
> do homem,
> Não pode ser acompanhado pelo
> amor da mãe, ou o balbuciar
> das crianças, ou
> a honra devida ao pai.
> E se a doçura do olhar do amante
> fosse só metade tão encantadora,
> o amor atiçaria com vontade
> os corações dos deuses e dos
> homens para a adoração.

> Sine me vocari pessimum, ut
> dives vocer.
> An dives, omnes quaerimus,
> nemo, an bonus.
> Non quare et unde, quid habeas,
> tantum rogant.
> Ubique tanti quisque, quantum
> habuit, fuit.
> Quid habere nobis turpe sit
> quaeris? Nihil.
> Aut dives opto vivere aut
> pauper mori.
> Bene moritur, quisquis moritur
> dum lucrum facit.
> Pecunia, ingens generis
> humani bonum,
> Cui non voluptas matris aut
> blandae potest
> Par esse prolis, non sacer
> meritis parens;
> Tarn dulce si quid Veneris in
> vultu micat,
> Merito ilia amores caelitum
> atque hominum movet.[142]

15. Quando essas últimas linhas citadas foram pronunciadas em uma exposição de uma das tragédias de Eurípides, toda a audiência levantou de comum acordo para vaiar o ator e silenciar a peça. Mas Eurípides[143] levantou-se, reclamou uma audiência e pediu-lhes que esperassem a conclusão e vissem o destino que estava reservado para aquele homem que ficou embasbacado pelo ouro. Belerofonte, nesse drama particular, teve que pagar a pena que é exigida de todos os homens no drama da vida.[144]

16. A avareza ou ganância nunca passa sem castigo, embora o pior dos castigos seja a sua própria existência. Quantas lágrimas e dificuldades o dinheiro arranca de nós! A ganância é miserável naquilo que anseia e miserável naquilo que obtém! Pense além da preocupação diária que aflige cada possuidor em proporção ao seu ganho! A posse de riquezas significa uma maior agonia de espírito do que a aquisição de riquezas. E como nos atormentamos por nossas perdas – perdas que caem sobre nós e ainda assim parecem ainda mais pesadas! E, finalmente, embora a Fortuna possa deixar a nossa propriedade intacta, o que quer que não possamos ganhar, é visto como um prejuízo!

17. "Mas", você vai me dizer, "as pessoas acolá chamam o homem feliz e rico, elas rezam para que um dia possam igualá-lo nas posses." Muito verdadeiro. O que, então? Você acha que há uma Fortuna mais desprezível na vida do que possuir miséria e ódio também? Será que aqueles que estão condenados a desejar riqueza poderiam comparar notas com o homem rico? Ah, se os que desejam um cargo político pudessem conferir com homens ambiciosos que alcançaram as mais procuradas honras! Eles certamente alterariam suas orações, visto que esses grandes sempre estão esbaforidos atrás de um novo ganho, renegando o que já foi obtido no passado por eles. Pois não há ninguém no mundo que esteja satisfeito com sua prosperidade, por muito rapidamente que a alcance. Os homens reclamam sobre seus planos e o resultado de seus planos, eles sempre preferem o que não conseguiram ganhar.

18. Então, a filosofia pode solucionar esse problema para você e permitir, na minha opinião, a maior bênção que existe – ausência de arrependimento pela própria conduta. Esta é uma felicidade segura; nenhuma tempestade pode derrubá-la. Contudo você não pode ser conduzido de forma segura através de palavras sutilmente tecidas ou de qualquer linguagem suavemente fluida. Deixe as palavras prosseguirem como quiserem, desde que apenas sua alma mantenha sua

própria ordem, desde que sua alma seja ótima e seja imperturbável nos seus ideais, satisfeita em si mesma por causa das mesmas coisas que desagradam aos outros, uma alma que torna a vida a prova de seu progresso e acredita que sua sabedoria está na proporção exata da liberdade do desejo e da liberdade do medo.

Mantenha-se Forte. Mantenha-se Bem.

XXIV.
SOBRE AUTOCONTROLE

Saudações de Sêneca a Lucílio.

01. A questão já foi muitas vezes levantada: se é melhor ter paixões moderadas ou nenhuma. Os filósofos da nossa escola, os estoicos, rejeitam as paixões; os peripatéticos as mantêm sob controle. Eu, no entanto, não entendo como uma doença, por ligeira que seja, pode ser saudável ou útil. Não tema. Eu não estou roubando você de quaisquer privilégios que você não esteja disposto a perder! Eu devo ser gentil e indulgente com os objetivos para os quais você se esforça – aqueles que você espera serem necessários para nossa existência, ou úteis, ou agradáveis; limito-me a retirar-lhe o vício. Pois, depois de ter emitido minhas proibições contra os desejos, eu ainda permitirei que você deseje fazer as mesmas coisas sem medo e com maior precisão de julgamento e a sentir os prazeres mais do que antes; e como esse prazer ajuda a chegar mais prontamente ao seu objetivo se você é seu senhor e não seu escravo!

02. "Mas", você se opõe, "é natural que eu sofra quando sou despojado de um amigo, conceda alguns privilégios às lágrimas que têm o direito de fluir! Também é natural ser afetado pelas opiniões dos homens e ficar abatido quando são desfavoráveis, então por que você não me permite o direito, tão legítimo, de recear que façam mau juízo de mim?". Não há vício a que não falte algum fundamento; não há nenhum vício que no início não seja modesto e facilmente rogado; mas depois o problema se espalha mais amplamente. Se você permitir que ele comece, você não pode garantir o seu fim.

03. Toda paixão no começo é fraca. Depois disso, ela se levanta e ganha força pelo progresso; é mais fácil prevenir que abandonar. Quem não admite que todas as paixões fluem como se fossem de uma determinada fonte natural? Somos dotados pela natureza com interesse em nosso próprio bem-estar; mas esse interesse, quando ultrapassado, torna-se um vício. A natureza entrelaçou o prazer com as coisas necessárias – não para que devêssemos buscar o prazer, mas para que a adição do prazer pudesse tornar os meios indispensáveis de existência atraentes para nossos olhos. Se reivindicar direitos próprios, caímos na libertinagem. Portanto, resistamos a essas falhas quando pedem entrada, porque, como eu disse, é mais fácil negar a admissão do que fazê-las partir.

04. E se você chora: "Deve ser admitida certa quantia de luto e certa quantidade de medo". Eu respondo que a "certa quantia" pode ser muito prolongada e se recusar a parar quando você assim desejar. O sábio pode seguramente controlar-se sem ficar ansioso. Ele pode parar suas lágrimas e seus prazeres à vontade; mas, no nosso caso, porque não é fácil retraçar nossos passos, é melhor não avançar.

05. Eu acho que Panécio[145] respondeu muito bem a um determinado jovem que lhe perguntou se o sábio deveria se tornar um amante: "Quanto ao homem sábio, veremos mais tarde, mas você e eu, que ainda estamos longe da sabedoria, não devemos confiar em nós mesmos para cair em um estado que é desordenado, descontrolado, escravizado por outro, desprezível para si. Se nosso amor não é tratado com desprezo, estamos entusiasmados com a sua bondade, se é desprezado, somos incendiados pelo nosso orgulho. Um amor facilmente conquistado nos prejudica tanto quanto um que é difícil de vencer, somos capturados pelo que é complacente e lutamos com o que é difícil. Portanto, sabendo da nossa fraqueza, mantenhamo-nos quietos. Não nos deixemos expor esse espírito instável às tentações da bebida, beleza ou lisonjas, ou qualquer coisa que alicie e persuada".

06. Agora, o que Panécio respondeu à pergunta sobre o amor pode ser aplicado, acredito, a todas as paixões em geral. Na medida em que podemos, vamos nos afastar de lugares escorregadios. Mesmo em terra seca, é difícil o suficiente assumir uma posição firme.

07. Neste ponto, eu sei, você vai confrontar-me com essa queixa comum contra os estoicos: "Suas promessas são muito otimizadas e seus preceitos muito difíceis. Nós somos meros manequins, incapazes de nos negar tudo. Nós teremos tristeza, mas não em grande medida, sentiremos desejos, mas com moderação, daremos lugar à ira, mas nos apaziguaremos".

08. E você sabe por que não temos o poder de atingir este ideal estoico? É porque nos recusamos a acreditar que temos esse poder. Ou melhor, de uma certeza, há algo mais que desempenha um papel a levar em conta: é porque estamos enamorados por nossos vícios; nós os defendemos e preferimos criar desculpas por eles, em vez de eliminá-los. Nós, os mortais, somos dotados de força suficiente por natureza, se apenas usarmos essa força, se apenas concentrarmos nossos poderes e despertarmos todos a nos ajudar ou, pelo menos, a não nos atrapalhar. A falta de forças não passa de pretexto; o que temos na realidade é falta de vontade!

Mantenha-se Forte. Mantenha-se Bem.

XXV.
SOBRE A FILOSOFIA REAL SER SUPERIOR ÀS SUTILEZAS SILOGÍSTICAS

Saudações de Sêneca a Lucílio.

01. Você estará me causando muito problema, me envolvendo inconscientemente em uma grande discussão e em um incômodo considerável, ao colocar perguntas insignificantes como estas; pois, para resolvê-las, eu não posso discordar dos meus companheiros estoicos sem prejudicar minha posição entre eles, nem posso subscrever suas ideias sem prejudicar minha consciência! A sua consulta é se a crença estoica é verdadeira: que "a sabedoria" é um bem, mas que "ser sábio" não é um bem.[146] Devo primeiro apresentar a visão estoica, e então vou ser ousado o suficiente para dar minha própria opinião.

02. Nós da escola estoica acreditamos que o bem é corpóreo, porque o bem é ativo e o que quer que seja ativo, é corpóreo. O que é um bem, é útil. Mas, para ser útil, deve ser ativo, então, se for ativo, é corpóreo. Eles (os estoicos) declaram que a sabedoria é um bem, segue, portanto, que também se deva considerá-la corpórea.

03. Mas eles não acreditam que ser sábio possa ser classificado na mesma base. Pois é incorpóreo[147] e acessório a outra coisa, ou seja, à sabedoria; por isso não é ativo ou útil. "O que, então?", é a resposta, "por que não dizemos que ser sábio é um bem?". Nós dizemos isso, mas apenas referindo-se ao que depende, em outras palavras, à própria sabedoria.

04. Deixe-me dizer-lhe as respostas que outros filósofos dão a esses objetores, antes de eu mesmo começar a formar meu próprio credo e a ocupar meu lugar inteiramente do outro lado. "Julgado sob essa luz", eles dizem, "nem mesmo viver com felicidade é um bem. A torto e a direito, tais pessoas devem responder que a vida feliz é um bem, mas que viver com felicidade não é um bem."

05. E esta outra objeção também é levantada contra a nossa escola: "Você deseja ser sábio. Portanto, ser sábio é uma coisa a desejar. E se for algo a desejar, é um bem." Portanto, nossos filósofos são forçados a torcer suas palavras e a inserir outra sílaba no verbo *expetere* (desejar) – uma sílaba que nosso idioma normalmente não permite inserir. Mas, com sua permissão, devo adicioná-la. Eles dizem: "É desejado (*expetendum*) aquilo que é um bem, é desejável (*expetibile*) aquilo que obtemos quando atingimos um bem. Esse algo não procuramos como se fosse um bem, mas é um acréscimo ao bem que foi procurado".

06. Eu mesmo não concordo com essa visão e julgo que nossos filósofos chegaram a esse argumento porque já estão manietados pelo primeiro elo da cadeia e, por isso, não podem alterar sua definição. As pessoas costumam conceder muito valor às coisas que todos os homens consideram como assumidas; aos nossos olhos, o fato de que quase todos os homens concordam com algo, é uma prova de sua verdade. Nós inferimos, por exemplo, que os deuses existem e por isso é que está implantada em todos uma ideia sobre a divindade, não havendo pessoa que não acredite ao menos em deuses de algum tipo. E, quando discutimos a imortalidade da alma, somos influenciados em grande medida pela opinião geral da humanidade que teme ou adora os espíritos do mundo inferior. Eu aproveito ao máximo essa crença geral: você não pode encontrar ninguém que não considere que a sabedoria seja um bem e ser sábio também.

07. Não devo apelar para a população, como um gladiador derrotado; vou, sim, contestar usando nossas próprias armas. Quando algo afeta um determinado objeto, ele está fora ou dentro do objeto que afeta? Se estiver dentro do objeto que afeta, é tão corpóreo quanto o objeto que afeta. Pois nada pode afetar outro objeto sem tocá-lo e o que toca é corpóreo. Se estiver fora, se retira depois de ter afetado o objeto. E a retirada significa movimento. E o que possui movimento é corpóreo.

08. Você espera que eu suponha que negar que "corrida" difere de "correr", que "calor" difere de "ser quente", que "luz" difere de "iluminar". Eu concedo que há diferenças nesses pares, mas acredito que não estejam em classes separadas. Se a boa saúde é uma qualidade indiferente, então, também é o "estar em boa saúde"; se a beleza é uma qualidade indiferente, então também é o ser belo. Se a justiça é um bem, então também o é "ser justo". E se a imoralidade é um mal, então é um mal ser imoral – tanto quanto, se olhos doloridos são um mal, o estado de ter olhos doloridos também é um mal. Nenhuma dessas qualidades, você pode ter certeza, pode existir sem a outra. Aquele que é sábio, é um homem de sabedoria; aquele que é um homem de sabedoria, é sábio. Tão verdade é, que não podemos duvidar da qualidade de um para igualar a qualidade do outro, que ambos são considerados por certas pessoas como um e o mesmo.

09. Aqui está uma questão, no entanto, que eu deveria estar contente de colocar: considerando que todas as coisas são boas ou más ou indiferentes – a que classe "ser sábio" pertence? As pessoas negam seja um bem, e como obviamente não é um mal, deve, portanto, ser uma das "intermediárias". Ora, nós consideramos como intermédios e indiferentes aqueles atributos que tanto afetam um indivíduo bom como um mau, por exemplo, a riqueza, a beleza, a nobreza. Como esta característica – "ser sábio" – só pode pertencer a um indivíduo bom, logo, não é uma qualidade indiferente. Igualmente, não pode ser um mal, já que não pode pertencer a um indivíduo mau; logo, é um bem. É um bem aquilo que só um indivíduo bom pode possuir; a qualidade de "ser sábio" só um indivíduo bom a pode possuir; logo, é um bem.

10. O objetor responde: "É apenas um acessório de sabedoria". Muito bem, então digo, essa qualidade que você chama de sábia – produz ativamente a sabedoria ou é uma concomitância passiva da sabedoria? É corpórea em ambos os casos. Pois o que é agido e o que age, são igualmente corpóreos e, se corpóreo, é um bem. A única qualidade que poderia impedir que isso fosse um bem, seria o fato de ser incorpóreo.

11. Os peripatéticos acreditam que não há distinção entre sabedoria e ser sábio, já que qualquer um deles implica o outro também. Agora, você acha que qualquer homem pode ser sábio, exceto aquele que possui sabedoria? Poderemos, porventura, pensar que aquele que é sábio não possui sabedoria?

12. Os antigos mestres da dialética, no entanto, distinguem entre essas duas concepções; e essa classificação chegou aos estoicos. Que tipo de classificação é essa, eu vou explicar: um campo é uma coisa e a "posse do campo" é outra coisa; claro, porque "possuir o campo" refere-se ao possuidor e não ao campo em si. Do mesmo modo, a sabedoria é uma coisa e ser sábio outra. Você concederá, suponho, que essas duas são ideias separadas – possuído e possuidor: a sabedoria é aquilo que se possui, e aquele que é sábio é seu possuidor. Agora, a sabedoria é a alma perfeita e desenvolvida ao mais alto e melhor grau. Pois é a arte da vida. E o que é ser sábio? Não posso chamá-lo de "espírito aperfeiçoado", mas sim o estado de quem possui um "espírito aperfeiçoado"; assim, um espírito justo é uma coisa e a chamada "posse de um espírito justo", outra.

13. Existem, diz-se, certas classes naturais de corpos: "Este é um homem, isto é um cavalo. Então, há nas naturezas corporais certos movimentos da mente que declaram algo sobre o corpo. E estas têm certa qualidade essencial que é separada do corpo, por exemplo: 'vejo Catão andando'. Os sentidos indicam isso, e a mente acredita. O que eu vejo é o corpo, e sobre isso concentro meus olhos e minha mente. Mais uma vez, eu digo: 'Catão anda!'." Eles continuam: "Não é corpo, é certo fato declarativo em relação ao corpo – chamado várias vezes de 'uma expressão', uma 'declaração', uma 'afirmação'. Assim, quando dizemos 'sabedoria', queremos dizer algo relacionado ao corpo, quando dizemos 'ele é sábio', estamos falando sobre o corpo. E há uma diferença considerável se você menciona diretamente um ser ou fala acerca de um ser".

14. Supondo agora que estas são duas concepções separadas (repare que ainda não estou preparado para dar a minha opinião), o que impede a existência ainda de uma terceira – o que, no entanto, é um bem? Eu observei há pouco que um "campo" era uma coisa, e a "posse de um campo", outra; é claro, pois possuidor e possuído são de naturezas diferentes; o último é a terra, e o primeiro é o homem que possui a terra. Mas, em relação ao ponto agora em discussão, ambos são da mesma natureza – o possuidor da sabedoria e a própria sabedoria.

15. Além disso, no primeiro caso, o objeto possuído e o possuidor são dois seres distintos; no segundo caso, coisa possuída e possuidor coexistem no mesmo ser e pertencem à mesma categoria. Um terreno é possuído de acordo com a lei, a sabedoria o é pela natureza; aquele pode ser alienado, entregue a outro dono, esta nunca se aparta do seu possuidor. Consequentemente, não há nenhuma razão pela qual você deva tentar comparar coisas que são tão diferentes entre si. Eu tinha começado a

dizer que estas podem ser duas concepções distintas e, no entanto, que ambas podem ser bens – por exemplo, a sabedoria e o sábio sendo duas coisas separadas e ainda outorgadas por você como sendo igualmente boas. E assim como não há objeção a respeito da sabedoria e do possuidor da sabedoria como bens, então não há objeção em considerar como "um bem" a sabedoria e a posse de sabedoria, ou seja, ser sábio.

16. Pois só desejo "possuir sabedoria" para ser sábio. E o que, então? Não é um bem algo sem a posse de um outro bem? Você certamente admite que a sabedoria, se dada sem o direito de ser usada, não deve ser bem-vinda! E em que consiste o uso da sabedoria? Em ser sábio; esse é o seu atributo mais valioso, se você retirar isso, a sabedoria torna-se supérflua. Se os processos de tortura são males, então ser torturado é um mal – com esta reserva, de fato, que se você tirar as consequências, os primeiros não estão mais na categoria de mal. A sabedoria é uma condição de "espírito aperfeiçoado", e ser sábio é o emprego deste "espírito aperfeiçoado". Ora, como é possível não considerar um bem aquilo que, sem aplicação prática, não é um bem?

17. Se eu perguntar se a sabedoria é desejável, você admitirá que é. Se eu lhe perguntar se o emprego da sabedoria deve ser desejado, você também admite o fato; pois você diz que não receberá sabedoria se não tiver permissão para empregá-la. Agora, o que se deseja é um bem. Ser sábio é o emprego da sabedoria, assim como é da eloquência para fazer um discurso ou dos olhos para ver as coisas. Portanto, ser sábio é o emprego da sabedoria e o emprego da sabedoria é desejável. Portanto, ser sábio é uma coisa a se desejar; e se é uma coisa a se desejar, é um bem.

18. Oh, por muitos anos eu tenho me condenado por imitar esses homens no momento em que eu os critico e de desperdiçar palavras sobre um assunto perfeitamente evidente. Pois quem pode duvidar disso, se o calor é um mal, também é um mal estar quente? Ou que, se o frio é um mal, é um mal estar frio? Ou que, se a vida é um bem, então também o é estar vivo? Todos esses assuntos estão na periferia da sabedoria, não na própria sabedoria. Mas nosso lugar de permanência deve estar na própria sabedoria, é com esta que nós devemos nos preocupar.

19. Mesmo que alguém tenha vontade de divagar, a sabedoria tem retiros amplos e espaçosos: podemos investigar a natureza dos deuses, o combustível que alimenta as constelações ou todos os cursos variados das estrelas. Podemos especular se nossos negócios se movem em harmonia com as estrelas, se o impulso ao movimento vem desde então às mentes e corpos de todos, e se mesmo esses eventos que chamamos de fortuitos são encadernados por leis rígidas e nada neste universo é imprevisível ou não regulamentado em suas revoluções. Tais tópicos foram retirados das aulas de moral, mas elevam a mente e aumentam o escopo do assunto discutido; os assuntos, no entanto, dos quais eu falava há algum tempo, desgastam e rebaixam a mente, não a aguçando (como você e os seus mantêm), mas enfraquecendo-a.

20. E eu lhe pergunto: devemos desperdiçar esse estudo necessário que devemos a temas maiores e melhores, ao discutir uma questão que, não direi falsa, mas que certamente não serve de nada? Como isso me ajudará? Saber se a sabedoria é uma coisa e ser sábio, outra? Como isso me beneficiará saber que um é e que o outro não é um bem? Suponha que eu jogue nessa aposta: "Sabedoria para você e ser sábio para mim". Vamos sair empatados!

21. Tente, em vez disso, me mostrar o caminho pelo qual eu posso alcançar esses fins. Diga-me o que evitar, o que procurar, o que estudar para fortalecer minha mente cambaleante, como posso rejeitar as ondas que me atingem e me afastam do meu curso, como eu posso lidar com todos os meus males e por que meios eu posso me livrar das calamidades que afundaram em mim e aquelas em que eu mesmo mergulhei. Ensina-me a suportar o peso da tristeza sem um gemido e a suportar a prosperidade sem que os outros sofram; também, não como evitar a espera do fim derradeiro e inevitável, mas sim a buscá-lo eu mesmo quando me parecer oportuno.

22. Eu acho que nada é mais imoral do que rezar pela morte. Pois se você deseja viver, por que você reza pela morte? E se você não deseja viver, por que pergunta aos deuses por que eles nos deram o nascimento? Pois mesmo que, contra sua vontade, tenha sido resolvido que você deva morrer algum dia, então o tempo em que você deseja morrer está em suas próprias mãos. Um fato é uma necessidade, o outro é um privilégio.

23. Eu li ultimamente uma doutrina muito desonesta, proferida (mais uma vergonha para ele!) por um cavalheiro instruído:[148] "Que eu possa morrer o mais rápido possível!" Tolo, você está orando por algo que já é seu! "Então que eu possa morrer o mais rápido possível!" Talvez você envelheça enquanto pronuncia essas palavras! De qualquer forma, o que lhe impede? Ninguém o detém; escape da forma que quiser! Selecione qualquer parte da natureza e ofereça-lhe um meio de partida! Estes, a saber, são os elementos pelos quais o trabalho do mundo é realizado – água, terra e ar. Todas essas não são mais causas da vida do que formas da morte.

24. "Então que eu possa morrer o mais rápido possível!" E qual é o seu desejo em relação a isso, "o mais rápido possível"? Que dia você selecionou para o evento? Pode ser mais cedo do que seus pedidos de oração. Palavras como estas vêm de uma mente fraca, de uma que os tribunais têm piedade por tanta maldição; aquele que reza pela morte não quer morrer. Rogue aos deuses pela vida e pela saúde; se você estiver resolvido a morrer, a recompensa da morte é ter acabado com orações.

25. É com esses problemas, meu querido Lucílio, que devemos lidar, por tais problemas, que devemos moldar nossas mentes. Esta é a sabedoria, isto é o que significa ser sábio – não fazer submissões vazias em discussões ociosas e mesquinhas. A Fortuna colocou frente a você tantos problemas – que ainda não resolveu –, e você ainda está com picuinhas? Quão tolo é desferir golpes no vazio depois de ter ouvido o sinal da batalha! Fora com todas essas armas falsas; você precisa de armadura para uma briga até o final. Diga-me por quais meios a tristeza e o medo podem ser impedidos de perturbar minha alma, por que meios eu posso afastar esse fardo de desejos secretos. Faça alguma coisa!

26. "A sabedoria é um bem, mas ser sábio não é um bem"; tal conversa resulta para nós no julgamento de que não somos sábios e nos tornamos motivo de riso de todo este campo de estudo – pois desperdiçamos esforço em coisas inúteis. Suponha que você soubesse que essa questão também foi debatida: se a sabedoria futura é um bem? Pois eu imploro, como pode-se duvidar que os celeiros não sentem o peso da colheita que está por vir, e essa infância não tem premonições de se aproximar da juventude por qualquer força e poder? A pessoa doente, no período a sobrevir, não é ajudada pela saúde que está por vir, não mais do que

um corredor ou um lutador é revigorado pelo período de repouso que se seguirá muitos meses depois.

27. Quem ignora que uma coisa futura não pode ser um bem pelo próprio fato de ainda estar para vir? Pois o que é um bem, é necessariamente útil. E a menos que as coisas estejam no presente, elas não podem ser úteis; e se uma coisa não é útil, não é um bem; se útil, já é. Devo ser sábio algum dia; e este bem será meu quando eu for um sábio, mas, entretanto, é inexistente. Uma coisa deve existir primeiro, então pode ser de certo tipo.

28. Como, eu pergunto, pode o que ainda é nada, ser um bem? E em que melhor maneira você deseja que seja provado que certa coisa não é, do que dizer: "Ainda está para ser"? Pois é claro que algo que está a caminho ainda não chegou. "A primavera seguirá": eu sei que o inverno está aqui agora. "O verão seguirá": eu sei que não é verão. A melhor prova de que uma coisa ainda não está presente é que ela ainda está por vir.

29. Espero que algum dia seja sábio, mas, enquanto isso, não sou sábio. Pois, se eu possuísse aquele bem, eu deveria estar livre desse mal. Algum dia eu serei sábio; por esse fato, você pode entender que ainda não sou sábio. Não posso, ao mesmo tempo, viver naquele estado de bem e neste estado do mal; as duas ideias não se harmonizam, nem o mal e o bem existem juntos na mesma pessoa.

30. Deixe-nos ultrapassar todas essas tolices engenhosas e apressar-nos com o que nos dará uma ajuda real. Nenhum homem que esteja correndo preocupado procurando uma doula para sua filha em trabalho de parto se deterá para ler o edital do pretor ou a ordem dos eventos nos jogos. Ninguém que esteja correndo para salvar sua casa das chamas irá analisar um jogo de damas para especular como a peça bloqueada pode ser libertada.

31. Mas bons céus! No seu caso, todos os tipos de notícias são anunciadas em todos os lados – sua casa está em chamas, seus filhos em perigo, seu país em estado de sítio, sua propriedade saqueada. Adicione a isso naufrágio, terremoto e todas outras fontes de pavor; assediado em meio a esses problemas, você está tomando tempo para assuntos que servem apenas para entretenimento mental? Você pergunta que diferença existe entre sabedoria e ser sábio? Você amarra e desata os nós enquanto uma avalanche se precipita sobre sua cabeça?

32. A natureza não nos deu um espaço de tempo tão generoso e livre que possamos ter tempo para desperdiçar. Marque também o quanto é perdido, mesmo quando os homens são muito cuidadosos: as pessoas são roubadas de uma coisa pela doença e de outra coisa por doença na família; uma hora uma tarefa doméstica, em outra pública, o negócio absorve a atenção; e durante todo o tempo o sono divide nossas vidas com a gente. Desse tempo tão curto e passageiro, que nos leva em seu voo, que proveito é gastar a maior parte em coisas inúteis?

33. Além disso, nossas mentes estão acostumadas a procurar prazer, em vez de se curar, a criar um prazer estético da filosofia, quando a filosofia realmente deveria ser um remédio. Qual a distinção entre sabedoria e ser sábio, eu não sei; mas eu sei que não faz diferença para mim se eu conheço tais assuntos ou sou ignorante deles. Diga-me: quando eu descobrir a diferença entre sabedoria e ser sábio, serei sábio? Por que, então, você me ocupa com as palavras e não com as obras da sabedoria? Faça-me mais corajoso, faça-me mais calmo, faça-me à altura da Fortuna, faça-me ser superior a ela. E eu posso ser seu superior, se eu aplicar para este fim tudo o que eu aprendo.

Mantenha-se Forte. Mantenha-se Bem.

XXVI.
SOBRE A FUTILIDADE DA BUSCA DE CARGOS

Saudações de Sêneca a Lucílio.

01. Você tem exigido cartas mais frequentes de mim. Mas se compararmos as contas, você não estará no lado do crédito. Nós realmente fizemos o acordo de que sua parte é dada primeiro, que você deve escrever as primeiras cartas e que eu deveria responder. No entanto, não devo ser desagradável; eu sei que é seguro confiar em você, então eu vou pagar antecipado, mas ainda assim não fazer como o eloquente Cícero que pediu a Ático: "Mesmo que você não tenha nada a dizer, escreva o que passar por sua cabeça".[149]

02. Pois sempre haverá algo sobre o que escrever, mesmo omitindo-se todos os tipos de notícias com que Cícero preenchia sua correspondência: qual candidato está em dificuldades; qual está em campanha com dinheiro emprestado e quem por si só; quem é candidato ao consulado que confia em César, ou em Pompeu, ou em sua própria caixa registradora; até que ponto Cecílio é um implacável agiota, ele de quem nem seus amigos conseguem tirar um centavo por menos de um por cento ao mês. Mas é preferível lidar com os próprios males e não com os alheios – pois se nos analisarmos e vermos para quantas coisas vãs nos candidatamos e votamos... e não nos deixamos eleger por nenhuma delas.

03. Isso, meu querido Lucílio, é uma coisa nobre, isso traz paz e liberdade – não se debater por nada e passar por todas as escolhas da Fortuna. Como você pode achar agradável, quando os partidos são convocados e os candidatos estão fazendo oferendas em seus templos favoritos – alguns deles prometendo brindes em dinheiro e outros fazendo negócios por meio de um agente ou desgastando as mãos com os beijos aqueles que recusarão o mínimo toque depois de serem eleitos – quando todos estão entusiasmados esperando o anúncio do mensageiro, você já imaginou como é agradável ficar à margem a observar esta feira de vaidades sem pretender comprar ou vender nada?

04. Quão maior alegria sente quem olha sem preocupação, não apenas para a eleição de um pretor ou de um cônsul, mas para essa grande luta em que alguns procuram honras efêmeras e outros, o poder permanente, e outros, o triunfo e o resultado próspero da guerra, e outras riquezas, ou o casamento e a prole, ou o bem-estar de si mesmo e de seus parentes! Que ação grandiosa é ser a única pessoa que não procura por nada, não oferecendo orações a nenhum homem e dizendo: "Fortuna, não tenho nada a ver com você. Eu não estou ao seu serviço. Eu sei que homens como Catão são rejeitados por você e homens como Vatínio[150] feitos por você. Não peço favores para mim". Esta é a maneira de reduzir a Fortuna ao seu lugar, cortar seu poder pela base.

05. Estas são, então, as coisas sobre as quais podemos escrever por sua vez, e este é o material sempre novo que podemos desenterrar enquanto examinamos as inúmeras multidões de homens que, para alcançar algo ruinoso, lutam por meio do mal objetivando o mal. Tanto buscam o que eles deveriam evitar, que acham!

06. Já viu alguém contentar-se com uma coisa que, antes de a obter, lhe parecia mais que suficiente? A felicidade não é, como os homens pensam, uma coisa gananciosa. É uma coisa humilde, por essa razão, nunca cai no desejo de um homem, nunca sacia ninguém. Você considera elevados os objetivos que procura, porque você está em um nível baixo e, portanto, está longe deles; mas eles são ruins à vista daquele que já os alcançou. E estou muito enganado se este não desejar escalar ainda mais alto. O que você considera como o topo é apenas um degrau na escada.

07. Agora, todos os homens sofrem com a ignorância da verdade; enganados por um relato comum, eles lutam por estes fins como se fossem bons e, depois de terem ganhado o desejo deles, e sofrerem muito, eles os consideram ruins ou vazios ou menos importantes do que antes acreditavam ser. A maioria dos homens admira o que os ilude à distância, e a multidão considera que as coisas boas devam ser grandes.

08. Agora, para que isso não aconteça também em nosso caso, perguntemos o que é o bem. Foi explicado de várias maneiras; homens diferentes descreveram isso de diferentes modos. Alguns o definem dessa maneira:

"O que atrai e chama o espírito para si é um bem". Mas a objeção surge de imediato – e se atrair, mas direto para a ruína? Você sabe quão sedutores são os males. O que é verdadeiro difere daquilo que parece a verdade; daí o bem está conectado com o verdadeiro, pois não é um bem, a menos que também seja verdadeiro. Mas o que atrai e seduz é apenas semelhante ao verdadeiro; rouba sua atenção, exige seu interesse e o atrai para si mesmo.

09. Portanto, alguns outros deram esta definição: "O bem é tudo quanto desperta a vontade de si mesmo, que provoca um movimento da alma na sua direção". Existe a mesma objeção a essa ideia; pois muitas coisas despertam os impulsos da alma e ainda assim a busca por elas é prejudicial para quem as procura. A seguinte definição é melhor: "É um bem aquilo que desperta o impulso da alma para si mesmo de acordo com a natureza, e que só devemos procurar obter quando começa a tornar-se merecedor desse empenho". Isto é por sua vez uma coisa honrosa; pois é uma coisa que vale completamente a pena procurar por ser totalmente desejável.

10. O tópico atual sugere que eu indique a diferença entre o bem geral e o bem moral. Agora eles têm certa qualidade que os combina e é inseparável de qualquer um: nada pode ser um bem, a menos que contenha um elemento do moral, e o moral é necessariamente um bem. Qual é, então, a diferença entre essas duas qualidades? O bem moral é o bem perfeito e a vida feliz é realizada assim; por sua influência, outras coisas também são bem-sucedidas.

11. Eu quero dizer algo assim: há certas coisas que não são nem boas nem ruins – como serviço militar ou diplomático ou o pronunciamento de decisões judiciais. Quando essas atividades são conduzidas de maneira moral, elas começam a ser boas e elas mudam da classe "indiferente" para a categoria do bem. Os bens resultam da parceria com o bem moral, mas o moral é bom em si mesmo. O bem vem do moral, mas o último de si mesmo. O que é bom pode ter sido ruim; o que é moral nunca poderia ter sido nada além de bom.

12. Alguns filósofos ainda definiram o seguinte: "Um bem é tudo aquilo que está de acordo com a natureza, agora repare na minha própria afirmação: tudo quanto é bom está conforme à natureza; mas isso não implica que tudo o que está conforme à natureza seja um bem; pois muitas coisas se harmonizam com a natureza, mas são tão insignificantes que não é adequado chamá-las de um bem. Pois são sem importância e merecem ser desprezadas. Mas não existe um bem tão pequeno e desprezível, pois, desde que seja escasso, não é bom, e quando começa a ser bom, ele deixa de ser escasso. Como então o bem pode ser reconhecido? Somente se for completamente de acordo com a natureza.

13. As pessoas dizem: "Você admite que o que é bom está de acordo com a natureza, pois esta é a sua qualidade peculiar. Você admite também que há outras coisas de acordo com a natureza que, no entanto, não são bens. Como pode o primeiro ser bom e o último não? Como pode haver uma alteração na qualidade peculiar de uma coisa, quando cada uma tem em comum com a outra, o atributo especial de estar de acordo com a natureza?"

14. Certamente por sua magnitude. Não é uma nova ideia de que certos objetos mudam à medida que crescem. Uma pessoa, uma vez que é criança recém-nascida, depois se torna jovem; sua qualidade peculiar é transformada; pois a criança não podia raciocinar, mas o jovem possui razão. Certas coisas não só crescem em tamanho como elas se desenvolvem, crescem em algo diferente.

15. Alguns respondem: "Mas o que se torna maior não se torna necessariamente diferente. Não importa se você derrama vinho em um cantil ou em um barril, o vinho mantém sua qualidade peculiar em ambos os recipientes. Pequenas e grandes quantidades de mel não são distintas no gosto". Mas estes são casos diferentes que você menciona; pois o vinho e o mel têm uma qualidade uniforme; não importa o quanto a quantidade seja ampliada, a qualidade é a mesma.

16. Pois algumas coisas sofrem de acordo com seu tipo e suas qualidades peculiares, mesmo quando são ampliadas. Há outras no entanto, que após vários incrementos, são alteradas pela última adição; há um caráter novo carimbado sobre o personagem, diferente do antigo. Uma pedra faz um arco de abóbada – a pedra que calça os lados inclinados e mantém o arco em conjunto pela sua posição no meio. E por que a última adição, embora quantitativamente diminuta, faz uma grande diferença? Porque não aumenta; completa, traz a plenitude.

17. Algumas coisas, devido ao desenvolvimento, abandonam sua forma anterior e são alteradas em uma nova figura. Quando a mente desenvolve há muito tempo alguma ideia e a tentativa de entender sua magnitude torna-se cansativa, essa coisa começa a ser chamada de "infinito". E então, isso se tornou algo muito diferente do que era quando parecia grande, mas finita. Do mesmo modo, pensamos em algo tão difícil de dividir; no final, à medida que a tarefa cresce cada vez mais, a coisa é "indivisível". Da mesma forma, a partir do que dificilmente ou com dificuldade pode ser movido, avançamos de pouco em pouco até chegar ao "imóvel". Pelo mesmo raciocínio, certa coisa estava de acordo com a natureza; sua grandeza se alterou em alguma qualidade peculiar e tornou-a um bem.

Mantenha-se Forte. Mantenha-se Bem.

XXVII.
SOBRE A NATUREZA COMO NOSSA MELHOR FORNECEDORA

Saudações de Sêneca a Lucílio.

01. Sempre que faço uma descoberta, não espero que você grite "Compartilhe!". Eu digo isso em seu nome. Se você deseja saber o que encontrei, abra seu bolso; é um lucro certo. O que eu vou ensinar é a capacidade de se tornar rico o mais rápido possível. Quão ansioso para ouvir tais notícias! E com razão; eu devo guiá-lo por um atalho para as maiores riquezas. No entanto, será necessário que você consiga um empréstimo; para poder fazer negócios, você deve contrair uma dívida, embora eu não deseje que você organize o empréstimo por intermédio de um fiador, nem eu desejo que os prestamistas discutam sua classificação de crédito.

02. Vou lhe fornecer um credor pronto, o famoso de Catão, que diz: "Nunca peça emprestado senão de si próprio!" Por menor que seja, será suficiente se conseguimos apenas compensar o déficit com nossos próprios recursos. Pois, meu querido Lucílio, não importa se você não deseja nada ou se você possui muito. O princípio importante em ambos os casos é o mesmo – liberdade da preocupação, ausência de desejo. Mas eu não aconselho você a negar nada à natureza – pois a natureza é insistente e não pode ser sobrepujada; ela exige o que lhe é devido, mas você deve saber que qualquer coisa a mais do que pedido pela natureza é um mero "extra" e não é necessário.

03. Se estou com fome, devo comer. A natureza não se importa se o pão é grosseiro ou o trigo, o melhor; ela não deseja que o estômago seja entretido, mas seja preenchido. E se estou com sede, a natureza não se preocupa se eu bebo água do reservatório mais próximo ou se eu a resfriarei artificialmente, afundando-a em grandes quantidades de neve. A natureza ordena apenas que a sede seja saciada e não importa se usa um cálice de ouro, ou de cristal, ou vitral, ou um púcaro de Tibur, ou a mão oca.

04. Olhe para a finalidade última de todos os assuntos e então você descartará coisas supérfluas. A fome me chama, deixe-me esticar minha mão para o que está mais próximo; minha fome tornou atrativo aos meus olhos aquilo que está à mão. Um homem faminto não despreza nada.

05. Você pergunta, então, em que isso me agrada? É este nobre ditado que descobri: "O homem sábio é o mais perspicaz para as riquezas da natureza". "O que", você pergunta, "você me dá um prato vazio? O que quer dizer? Eu já havia arranjado meus cofres, eu já estava prestes a procurar um caminho em que eu poderia embarcar para fins comerciais, algumas receitas do Estado com que eu possa lidar e algumas mercadorias que eu poderia importar. Isso é fraude – me mostrar a pobreza depois de me prometer riquezas." Mas, amigo, você considera pobre um homem que nada mais deseja? "É, no entanto," você responde, "graças a si mesmo e à sua resiliência, e não graças à sua Fortuna." Você, então, acredita que esse homem não é rico só porque sua riqueza nunca pode falhar e é, por natureza, ilimitada?

06. Você preferiria ter muito ou o suficiente? Aquele que tem muito deseja mais – uma prova de que ainda não adquiriu o suficiente; mas aquele que tem o suficiente alcançou o que nunca foi atingido pelos ricos – um ponto de parada. Você acha que esta condição a que me refiro não é riqueza só porque nenhum homem jamais foi proscrito como resultado de possuí-la? Ou porque filhos e esposas nunca nos envenenam por ela? Ou porque no tempo de guerra essas riquezas não são molestadas? Ou porque elas trazem o descanso em tempo de paz? Ou porque não é perigoso possuí-las, ou incômodo administrá-las?

07. "Mas um possui muito pouco, se estiver apenas livre do frio, fome e sede." O próprio Júpiter, no entanto, não está melhor. O suficiente nunca é muito pequeno e o não suficiente nunca é muito. Alexandre era pobre mesmo após sua conquista de Dario e das Índias. Estou errado? Ele ainda procurava algo a mais que pudesse conquistar, explorando mares desconhecidos, enviando novas frotas sobre o oceano e, por assim dizer, quebrando os próprios limites do universo. Mas o que é suficiente para a natureza, não é suficiente para o homem.

08. Descobriram-se pessoas que desejam algo mais depois de obter tudo; tão cego é o juízo dessas e tão facilmente cada homem esquece de seus primeiros passos depois que começou a caminhada. Aquele que era, há pouco, o senhor de um canto desconhecido do mundo, é abatido quando, depois de alcançar os limites do globo, retorna através de um mundo que já era seu.

09. O dinheiro nunca tornou um homem rico; pelo contrário, ele sempre castiga os homens com um desejo maior por mais. Você pergunta o motivo disso? Aquele que possui mais começa a ser capaz de possuir ainda mais. Para resumir, você pode apresentar para a nossa inspeção qualquer dos milionários cujos nomes são censurados. Por exemplo, quando se fala de Crasso e Licínio. Deixe-o trazer sua classificação de crédito e sua propriedade atual e suas expectativas futuras e deixe-o somar todos juntos: tal homem, segundo minha opinião, é pobre; de acordo com a sua, ele pode ser pobre algum dia.

10. Aquele, no entanto, que arranjou seus assuntos de acordo com as exigências da natureza é livre do medo, bem como da sensação da pobreza. E para que você possa saber o quão difícil é restringir os interesses de alguém até os limites da natureza – mesmo essa mesma pessoa de quem falamos, o sábio a quem você chama de pobre, possui algo na realidade supérfluo.

11. A riqueza, no entanto, cega e atrai a multidão, quando vê uma grande quantidade de dinheiro trazido da casa de um homem ou mesmo as paredes dele cobertas abundantemente de ouro ou um séquito que é escolhido pela beleza física ou pela atratividade do vestuário. A prosperidade de todos esses homens se mostra à opinião pública; mas o homem ideal, a quem tiramos do controle das pessoas e da Fortuna, está feliz por dentro.

12. Pois as pessoas em questão, em cujas mentes a pobreza inquieta roubou o título de riqueza – esses indivíduos têm riquezas, assim como dizemos que "temos febre", quando realmente a febre nos tem. Por outro lado, estamos acostumados a dizer: "A febre apoderou-se dele". E da mesma forma, devemos dizer: "As riquezas o agarram". Por conseguinte, não há conselhos – e de tais conselhos, ninguém pode ter demais – que eu prefira dar do que esse: que você deve medir todas as coisas pelas exigências da natureza; pois essas demandas podem ser satisfeitas sem custo ou então por custo muito baixo. Basta não misturar nenhum vício com essas demandas.

13. Por que você precisa perguntar como sua comida deve ser servida, em que tipo de mesa, com que tipo de prata, com que servos jovens bem escolhidos e de boa aparência? A natureza não exige nada, exceto simples comida.

> | Tu procuras, quando a sede inflama a garganta, um copo de ouro? | Num tibi, cum fauces urit sitis, aurea quaeris |
> |---|---|
> | Tu desprezas tudo que não seja carne de pavão ou robalo Quando a fome vem sobre ti? | Pocula? Num esuriens fastidis omnia praeter Pavonem rhombumque?[151] |

14. A fome não é ambiciosa; está bastante satisfeita em chegar ao fim; nem se importa muito com qual comida será levada ao fim. Essas coisas são apenas os instrumentos de um luxo que não é "felicidade"; um luxo que procura como pode prolongar a fome, mesmo após a saciedade, que procura como estufar o estômago, não o preencher e como despertar a sede que ficou satisfeita com a primeira bebida. As palavras de Horácio são, portanto, mais excelentes quando ele diz que é indiferente para a sede quão caro é o cálice, ou quão elaborado é o processo em que a água é servida. Pois, se você acredita que é importante como está o cabelo de seu escravo ou quão transparente é a taça que ele oferece, você não está com sede.

15. Entre outras coisas, a natureza nos concedeu esta bênção especial: prover sem artifícios a quanto nos é indispensável. As coisas supérfluas admitem a escolha; nós dizemos: "Isto não é adequado"; "Isto não é bem recomendado"; "Isto é desagradável à minha visão". O construtor do universo, que estabeleceu para nós as leis da vida, se preocupou em nos manter em bem-estar, mas não no luxo. Tudo o que conduz para o nosso bem-estar está preparado e pronto para as nossas mãos; mas o que o luxo requer nunca pode ser conseguido, exceto com miséria e ansiedade.

16. Utilizemos, portanto, essa bênção da natureza, considerando-a entre as coisas de grande importância; reflitamos que o melhor título da natureza para nossa gratidão é que tudo o que desejamos, por pura necessidade, aceitamos sem reticências.

Mantenha-se Forte. Mantenha-se Bem.

XXVIII.
MAIS SOBRE VIRTUDE

Saudações de Sêneca a Lucílio.

01. Sua carta divagou por vários problemas menores, mas finalmente se ocupou de um que deseja ser tratado por completo, pedindo explicação: "Como adquirimos um conhecimento daquilo que é um bem e o que é moral?" Na opinião de outras escolas, essas duas qualidades são distintas; entre os nossos seguidores, no entanto, elas são meramente distintos aspectos de uma realidade única.

02. Isto é o que quero dizer: alguns acreditam que o bem é tudo aquilo que é útil; eles concedem esse título a riquezas, cavalos, vinhos e sapatos; de forma tão barata eles veem o bem, e para tais usos aviltados eles deixam que desça. Eles consideram "moralidade" o que concorda com o princípio da conduta correta – como cuidar obedientemente de um pai idoso, aliviar a pobreza de um amigo, mostrar bravura em uma batalha e pronunciar opiniões prudentes e equilibradas.

03. Nós, no entanto, consideramos o bem e o moral duas coisas distintas, mas as fazemos conexas: somente o moral pode ser um bem; também que o moral é necessariamente um bem. Considero que é supérfluo adicionar a distinção entre essas duas qualidades, na medida em que as mencionei tantas vezes. Mas devo dizer mais uma coisa – que não consideremos nada como um bem se puder ser usado de forma incorreta por qualquer pessoa. E você vê por si mesmo a que fins errados muitos homens colocam suas riquezas, sua posição elevada ou seus poderes físicos. Para retornar ao assunto do qual você deseja informações: "Como adquirimos um conhecimento daquilo que é um bem e o que é moral?"

04. A natureza não pode nos ensinar isso diretamente; ela nos deu as sementes do conhecimento, mas não o próprio conhecimento. Alguns dizem que simplesmente "tropeçamos" com esse conhecimento; mas é inacreditável que uma visão de virtude pudesse se apresentar a qualquer pessoa por simples chance. Acreditamos que é inferência devido à observação, uma comparação de eventos que ocorreram com frequência; nossa escola de filosofia sustenta que o moral e o bem foram compreendidos por analogia. Uma vez que a palavra "analogia" ganhou cidadania na língua popular pelos estudiosos latinos, não acho que isso deveria ser condenado, mas acho que deveria conseguir a cidadania que pode justamente reivindicar. Devo, portanto, usar a palavra, não apenas como admitido, mas conforme estabelecido no uso corrente. Agora, o que essa "analogia" é, eu vou explicar.

05. Compreendemos o que é a saúde corporal, e dessa base deduzimos a existência de determinada saúde mental também. Conhecemos também força corporal, e dessa base inferimos a existência de robustez mental. As ações gentis, as ações humanitárias, os atos valentes, às vezes nos surpreendiam; então começamos a admirá-los como se fossem perfeitos. Por baixo, no entanto, havia muitas falhas escondidas pela aparência e pelo brilho de certos atos conspícuos; para esses, fechamos os olhos. A natureza nos oferece amplificar coisas louváveis – todos exaltam o renome além da verdade. E assim, de tais atos, deduzimos a concepção de um grande bem inexcedível.

06. Fabrício[152] rejeitou o ouro do rei Pirro, considerando ser maior que a coroa de um rei desprezar o dinheiro de um rei. Fabrício também, quando o médico real planejava dar veneno ao seu mestre, advertiu Pirro sobre a traição. O próprio homem teve a determinação de se recusar a ser conquistado pelo ouro ou a vencer pelo veneno. Então, sentimo-nos cheios de admiração por esse grande homem que não se deixou aliciar nem pelas promessas do rei nem pelas dos traidores ao rei, firme em sua estima ao ideal do bem e mesmo em plena guerra conservando as mãos limpas – coisa bem difícil de conseguir! Estava na guerra sem pecado; pois ele acreditava que os erros poderiam ser cometidos mesmo contra um inimigo, e naquela extrema pobreza que ele havia feito a sua glória, deixou de receber riquezas enquanto ele recusou usar veneno. Ele gritou: "Viva, ó Pirro, agradeça a mim e se alegre em vez de sofrer como você fez até agora, porque Fabrício não pode ser subornado!"

MAIS SOBRE VIRTUDE

07. Horácio Cocles[153] bloqueou a ponte estreita e ordenou que a mesma fosse destruída, para que o caminho do inimigo pudesse ser impedido; então, ele resistiu longamente aos seus agressores até que o ruído das vigas, quando elas entraram em colapso com uma enorme queda, tocou seus ouvidos. Quando ele olhou para trás e viu que seu país, por seu próprio perigo, estava livre de perigo: "Quem quer que seja", ele gritou, "que deseje me seguir dessa maneira, deixá-lo vir!". Ele mergulhou de cabeça ao rio, tendo muito cuidado para sair armado do canal. Ele saiu ileso e voltou preservando a glória de suas armas conquistadoras com segurança, como se tivesse atravessado o rio sobre a ponte.

08. Essas ações e outras do mesmo tipo nos revelaram um retrato do que é a virtude. Eu acrescentarei algo que talvez possa surpreendê-lo: as coisas más às vezes ofereceram a aparência do que é moral e o que é melhor já se manifestou através do seu oposto. Pois há, como você sabe, vícios que estão ao lado das virtudes; e mesmo o que está perdido e degradado pode se parecer com o que é justo. Assim, o perdulário falsamente imita o homem generoso – embora seja muito importante se um homem sabe como dar ou sabe como poupar seu dinheiro. Eu lhe asseguro, meu querido Lucílio, que há muitos que não dão, mas simplesmente jogam fora e não chamo de homem generoso quem está irritado com seu dinheiro. O descuido se parece com a tranquilidade e a temeridade, com a coragem.

09. Esta semelhança nos obrigou a observar atentamente e a distinguir entre coisas que são por aparência externa intimamente ligadas, mas que, na verdade, estão muito em desacordo uma com a outra; e ao assistir aqueles que se distinguiram como resultado de algum esforço nobre, somos obrigados a observar que algumas pessoas fizeram algum ato com espírito nobre e impulso elevado, mas o fizeram apenas uma vez. Notamos um homem corajoso em guerra e covarde em assuntos civis, suportando a pobreza com coragem mas a desgraça com vergonha. Em tal situação, nós louvamos a ação, mas desprezamos o homem.

10. Em contrapartida, notamos outro homem que é amável com seus amigos e tolerante com seus inimigos, que exerce seus negócios políticos e pessoais com devoção escrupulosa, não faltando em longanimidade onde há algo que deva ser suportado nem faltando com prudência quando alguma ação precisa ser tomada. Nós o notamos dando com uma mão pródiga quando era seu dever fazer um pagamento e, quando obrigado a trabalhar, esforçando-se resolutamente e aliviando seu cansaço corporal por sua determinação. Além disso, ele sempre foi o mesmo, consistente em todas as suas ações, não apenas em seu bom julgamento, mas treinado pelo hábito de tal forma que ele não só pode agir corretamente, mas não pode evitar agir com justiça. Formamos a concepção de que, em tal homem, existe uma virtude perfeita.

11. Nós separamos essa virtude perfeita em suas várias partes. Os desejos tinham que ser dominados, o medo tinha que ser suprimido, as ações apropriadas tinham que ser providenciadas, a cada um devia ser dado o que lhe é devido; concebemos assim as noções de temperança, de coragem, de prudência e de justiça – atribuindo a cada qualidade sua função especial. Como, então, formamos a concepção da virtude? A virtude nos foi manifestada pela forma, pela propriedade, pela firmeza, pela harmonia de ação absoluta e pela grandeza de alma que se eleva a tudo. Daí foi derivada a nossa concepção de uma vida feliz, fluindo segundo um curso constante, completamente sob seu próprio controle.

12. Como, então, descobrimos esse fato? Eu lhe direi: aquele homem perfeito, que alcançou a virtude, nunca amaldiçoou sua Fortuna e nunca recebeu os resultados do acaso com abatimento; aquele que acreditava ser cidadão e soldado do universo, aceitando suas tarefas como se fossem suas ordens. O que quer que tenha acontecido, ele não o desprezou como se fosse algo perverso e levado a ele por mal; ele aceitou como se fosse designado para ser seu dever. "Suceda o que suceder", diz ele, "é meu lote, é difícil e é brutal, mas preciso trabalhar diligentemente minha tarefa."

13. Necessariamente, portanto, o homem mostra-se grande, quando nunca se entristece nos dias doentios e nunca lamenta seu destino; ele dá uma concepção clara de si mesmo a muitos homens; ele brilha como uma luz na escuridão e atrai para si os pensamentos de todos os homens, porque é gentil, calmo e igualmente complacente com as ordens dos homens e dos deuses.

14. Ele possui perfeição de alma, desenvolvida até suas capacidades mais elevadas, inferior apenas à mente divina – de quem uma parte flui até

mesmo para o coração de um mortal. Mas este coração nunca é mais divino do que quando reflete sobre sua mortalidade e entende que o homem nasceu com o propósito de cumprir sua vida e que o corpo não é uma habitação permanente, mas uma espécie de estalagem (de breve permanência) que deve ser deixada para trás quando se percebe que é um fardo para o estalajadeiro.

15. A maior prova, como sustento, meu querido Lucílio, de que uma alma procede de alturas mais elevadas, é quando julga sua situação presente como humilde e limitada e não tem medo de partir. Pois quem se lembra de onde veio, sabe para onde deve partir. Não vemos quantos desconfortos nos deixam irritados e como é incompatível a nossa comunhão com o próprio corpo?

16. Nos queixamos num tempo de nossas dores de cabeça, das nossas más digestões, em outro de nosso peito e nossa garganta. Às vezes, os nervos nos incomodam, às vezes os pés; agora é diarreia e novamente é o catarro;[154] estamos em um momento vigorosos, em outro, anêmicos; ora isso nos incomoda, ora aquilo, e nos obriga a nos afastarmos: é exatamente o que acontece com aqueles que habitam a casa de outro.

17. Mas nós, a quem esses corpos corruptíveis foram alocados, colocamos a eternidade diante de nossos olhos e, em nossas esperanças, agarramos o máximo espaço de tempo para o qual a vida do homem pode ser estendida, sem haver riqueza ou poder que nos sacie! O que pode ser mais desavergonhado ou tolo do que isso? Nada é suficiente para nós, embora devamos morrer algum dia, ou melhor, já estamos morrendo; pois ficamos cada dia mais perto da beira e cada hora de tempo nos empurra para o precipício no qual devemos cair.

18. Veja como nossas mentes estão cegas! O que eu coloco como futuro, está acontecendo neste momento e uma grande parte disso já aconteceu; pois consiste em nossas vidas passadas. Mas estamos enganados em temer o último dia, vendo que cada dia, como ele passa, conta tanto quanto qualquer outro ao crédito da morte. O passo fraco não produz, apenas anuncia a fadiga. A última hora atinge, mas cada hora se aproxima da morte. A morte vai nos colhendo gradualmente, não nos arrebata de repente. Por essa razão, a alma nobre, conhecendo a sua melhor natureza, ao mesmo tempo que se responsabiliza por se comportar

moralmente e dignamente no posto de trabalho onde está colocada, não assume nenhum desses objetos estranhos como seus próprios, mas os usa como se fossem um empréstimo, como um visitante estrangeiro apressando-se a caminho.

19. Quando vemos uma pessoa de tal firmeza, como podemos evitar sermos conscientes da imagem de uma natureza tão incomum? Particularmente se, como observei, mostra verdadeira grandeza pela consistência. Na verdade, é consistência que permanece; coisas falsas não duram. Alguns homens são, por turnos, como Vatínio ou como Catão; às vezes eles não pensam que Cúrio[155] seja severo o suficiente ou que Fabrício seja pobre o suficiente ou que Tuberão seja suficientemente frugal e contente com coisas simples; enquanto outras vezes eles competem com Licínio em riqueza, com Apício em banquetes ou com Mecenas em janotice.

20. A maior prova de um espírito infeliz é a instabilidade e a contínua vacilação entre a pretensão da virtude e o amor ao vício.

Ele teria às vezes duzentos escravos à mão E às vezes dez. Ele falaria de reis e grande Mogul e nada além de grandeza. Então ele dizia: "Me dê uma mesa de três pernas e uma bandeja De sal bem limpo e apenas um vestido grosso Para manter o frio fora. "Se você o paga a menos (Assim, poupando e contente!) Um milhão a vista, Em cinco dias, ele seria um tolo sem um centavo.	habebat saepe ducentos, Saepe decern servos ; modo reges atque tetrarchas, Omnia magna loquens, "modo sit mihi mensa tripes et Concha salis puri, toga quae defendere frigus Quamvis crassa queat"; decies centena dedisses Huic parco, paucis contento ; quinque diebus Nil erat.[156]

21. Os homens dos quais eu falo são deste selo; eles são como o homem que Horácio descreveu – um homem que nunca é o mesmo, nem sequer como ele mesmo; até certo ponto ele perambula por opostos. Eu disse

que muitos são assim? É o caso de quase todos. Todos mudam seus planos e orações diariamente. Agora ele teria uma esposa, e agora uma amante; agora ele seria rei, e novamente ele se esforçaria para conduzir-se para que nenhum escravo seja mais adulador; agora ele se envaidece até ficar impopular; novamente, ele se encolhe e se contrai em humildade maior até do que aqueles que são realmente despretensiosos; em um momento ele distribui dinheiro, em outro ele o rouba.

22. É assim que uma mente tola é mais claramente demonstrada: ela se mostra primeiro desta forma e depois naquela e nunca é como ela mesma – o que é, na minha opinião, a mais vergonhosa das qualidades. Acredite, é um grande papel – desempenhar o papel de um só homem. Mas ninguém pode ser uma só pessoa senão o homem sábio. O resto de nós geralmente troca as máscaras. Às vezes, você vai achar-nos econômicos e frugais, em outras ocasiões, depravados e ociosos. Nós mudamos continuamente nossos personagens e desempenhamos um papel contrário ao que descartamos. Você deve, portanto, forçar-se a manter até o final do drama da vida o personagem que você assumiu no início. Faça isso para que os homens possam louvá-lo; se não, deixe-os pelo menos reconhecê-lo. Na verdade, no que diz respeito ao homem que você viu ontem, a pergunta pode ser devidamente feita: "Quem é este?" – tal a mudança que neles houve!

Mantenha-se Forte. Mantenha-se Bem.

XXIX.
SOBRE O INSTINTO EM ANIMAIS

Saudações de Sêneca a Lucílio.

01. Você vai ajuizar um processo contra mim, tenho certeza, quando eu apresentar para você o pequeno problema de hoje, o qual já tateamos por tempo suficiente. Você vai gritar novamente: "O que isso tem a ver com a moral?" Grite se você quiser, mas deixe, em primeiro lugar, eu lhe apresentar outros adversários contra os quais você pode litigar, como Posidônio e Arquidemo;[157] esses homens aceitarão de bom grado litigar com você. Em seguida, continuarei a dizer que nem tudo que diz respeito aos costumes contribui para o aperfeiçoamento moral.

02. O homem precisa de uma coisa para sua alimentação, outra para seu exercício, outra para sua roupa, outra para sua instrução e outra para seu lazer. Tudo tem referência às necessidades do homem, embora isso tudo não o faça melhor. O caráter é afetado por diferentes coisas de maneiras diferentes: algumas coisas servem para corrigir e regular o caráter e outras investigam sua natureza e origem.

03. E quando busco a razão pela qual a natureza criou o homem e o colocou acima de outros animais, você acha que eu deixaria o estudo do caráter na retaguarda? Não; isso seria errado. Pois como você saberia qual caráter é desejável, a menos que você tenha descoberto o que é mais adequado para o homem? Ou a menos que você tenha estudado sua natureza? Você só pode descobrir o que deve fazer e o que deve evitar, quando aprender o que é exigido pela sua própria natureza.

04. "Eu desejo", você diz, "aprender como posso me aborrecer menos e temer menos. Retire minhas crenças irracionais. Prove a mim que a chamada 'felicidade' é inconstante e vazia, e que a palavra admite facilmente aumento de um prefixo!"[158] Devo cumprir sua vontade, encorajando suas virtudes e atando seus vícios. As pessoas podem decidir que eu sou muito zeloso e virulento neste aspecto; mas nunca deixarei de perseguir a maldade, controlar as emoções mais desenfreadas, suavizar a força dos prazeres que resultarão em dor e menosprezar as orações dos homens. Claro que vou fazer isso; pois são os maiores males pelos quais oramos e, daquilo que nos fez dar graças, vem tudo o que exige consolação.

05. Enquanto isso, permita-me discutir cuidadosamente alguns pontos que podem parecer agora bastante remotos ao presente inquérito. Nós já estávamos discutindo se todos os animais têm algum sentimento sobre suas "faculdades naturais". Que isso é verdadeiro pode ser provado particularmente por fazerem movimentos de tal aptidão e agilidade que parecem ter sido treinados para isso. Todo ser é inteligente em sua própria maneira. O trabalhador qualificado lida com suas ferramentas com facilidade nascida da experiência; o timoneiro sabe dirigir seu navio habilmente; o artista pode aplicar agilmente as cores que ele preparou com grande variedade com a finalidade de criar a semelhança, e transfere com facilidade a tinta da paleta para a tela. Do mesmo modo, um animal é ágil em tudo o que diz respeito ao uso de seu corpo.

06. Podemos nos perguntar dos dançarinos profissionais e seus gestos perfeitamente adaptados ao significado da peça e às emoções que as acompanham e dos seus movimentos que combinam com a velocidade do diálogo. Mas o que a arte dá ao artesão, é dado ao animal pela natureza. Nenhum animal lida com seus membros com dificuldade, nenhum animal desconhece como usar seu corpo. Essa função eles já exercem imediatamente no nascimento. Eles vêm ao mundo com esse conhecimento; eles já nasceram treinados.

07. Mas as pessoas respondem: "A razão pela qual os animais são tão habilidosos no uso de seus membros é que, se os moverem de forma anormal, sentirão dor. Eles são obrigados a fazer assim, de acordo com a sua escola, e é o medo e não a força de vontade que os move na direção certa". Essa ideia está errada. Os corpos conduzidos por uma força externa movem-se lentamente; mas aqueles que se movem por conta própria possuem vivacidade. A prova de que não é o medo da dor que os move desta forma é que, mesmo quando a dor os aflige, eles lutam para realizar seus movimentos naturais.

08. Assim também, a criança que está tentando ficar de pé e está se acostumando a carregar o próprio peso, começando a testar sua força, cai e ergue-se repetidas vezes com lágrimas, até que, através do esforço doloroso, ela se treina às exigências da natureza. E certos animais com carapaças duras, quando virados de costas, torcem e tateiam com os pés e fazem movimentos laterais até serem restaurados para a posição correta. A tartaruga de costas não sente dor; mas ela está inquieta porque sente falta de sua condição natural e não deixa de se agitar até que se coloque mais uma vez sobre suas quatro patas.

09. Então, todos esses animais têm consciência de sua constituição física e por isso podem controlar seus membros tão prontamente; não temos prova melhor de que eles tenham sido equipados de nascença com esse conhecimento do que o fato de que nenhum animal não é qualificado no uso de seu corpo.

10. Mas alguns objetam o seguinte: "De acordo com sua explicação, a constituição de alguém consiste em um poder dominante na alma que tem certa relação com o corpo.[159] Mas como uma criança pode compreender esse princípio intrincado e sutil, que mal posso explicar até mesmo a você? Todos os seres vivos deveriam nascer versados em lógica, de modo a entender uma definição que é obscura para a maioria dos cidadãos romanos!"

11. Sua objeção seria verdade se eu falasse de criaturas vivas que entendessem de "uma definição de constituição" e não de "sua constituição". A natureza é mais fácil de entender do que de explicar; portanto, a criança de quem falamos não entende o que é "constituição", mas entende sua própria constituição. Ela não sabe o que é "uma criatura viva", mas ela sente que está viva.

12. Além disso, essa mesma constituição própria ela só entende confusamente, de forma superficial e nublada. Sabemos também que possuímos almas, mas não conhecemos a essência, o lugar, a qualidade ou a fonte da alma. Tal como é a consciência de nossas almas, ignorantes como somos de sua natureza e posição, assim também todos os animais possuem consciência de suas próprias constituições. Pois devem necessariamente sentir isso, porque é pela mesma maneira pela qual eles sentem outras coisas também; eles devem necessariamente ter um sentimento do princípio que eles obedecem e pelo qual eles são controlados.

13. Cada um de nós entende que há algo que atiça nossos impulsos, mas não sabemos o que é. Sabemos que temos uma consciência do esforço, embora não saibamos o que é ou qual a sua fonte. Assim, mesmo crianças e animais têm consciência do seu elemento primário, mas este não é muito claramente delineado ou retratado.
14. "Você defende", diz o oponente, "que todo ser vivo está no início adaptado à sua constituição, mas a constituição desse homem é uma pensante e, portanto, o homem é adaptado a si mesmo não apenas como um ser vivo, mas como um ser pensante? Pois o homem é grato àquilo que o faz dele um homem. Como então uma criança, sem ser ainda dotada de razão, se adapta a uma constituição racional?".
15. Mas cada idade tem sua própria constituição, diferente no caso da criança, do menino e do velho; estão todos adaptados à constituição em que se encontram. A criança está desdentada e ela está preparada para esta condição. Então, seus dentes crescem e ela também está preparada para essa condição. A vegetação que se transformará em grãos e frutas também tem uma constituição especial quando jovem e mal começa a aparecer sobre os topos dos sulcos; outra quando está reforçada e se ergue sobre uma haste suave, mas forte o suficiente para suportar seu peso e ainda outra quando a cor muda para amarelo e profetiza a debulha ao se endurecer na espiga – independentemente da constituição momentânea em que a planta esteja, é a esta que se submete, é a esta que se adapta.
16. Os períodos de infância, juventude, maturidade e velhice são diferentes; mas eu, que fui criança, menino e jovem, ainda sou o mesmo. Assim, embora cada um tenha em diferentes momentos uma constituição diferente, a adaptação de cada um à sua constituição é a mesma. Porque a natureza não entrega para mim a infância, a juventude ou a velhice; a natureza me entregou a elas. Portanto, a criança está adaptada a essa constituição que é ela no momento da infância, e não àquilo que será dela na juventude. Pois, mesmo que haja uma fase superior em que ela deve ascender, o estado em que nasceu também está de acordo com a natureza.
17. Em primeiro lugar, o ser vivo é adaptado a si mesmo, pois deve haver um padrão ao qual todas as outras coisas possam ser referidas. Busco prazer; para quem? Para mim. Estou cuidando de mim mesmo. Eu me afasto da

dor; em nome de quem? De mim mesmo. Portanto, estou cuidando de mim mesmo. Uma vez que analiso todas as minhas ações com referência ao meu próprio bem-estar, estou cuidando de mim mesmo antes de tudo. Essa qualidade existe em todos os seres vivos – não enxertada, mas inata.

18. A natureza cuida de sua própria prole e não as expulsa; e porque a segurança mais adequada é aquela que é mais próxima, cada homem foi confiado a si próprio. Portanto, como observei no decorrer das minhas correspondências anteriores,[160] mesmo os animais jovens, ao saírem do útero da mãe ou do ovo, sabem de imediato o que é nocivo para eles e evitam as coisas que causam a morte. Eles até se encolhem quando percebem a sombra das aves de rapina que sobrevoam sobre suas cabeças. Nenhum animal, quando entra na vida, é livre do medo da morte.

19. As pessoas podem perguntar: "Como um animal no nascimento pode entender as coisas como sendo saudáveis ou destrutivas?" A primeira questão, no entanto, é se pode ter tal entendimento e não como pode entender. E é claro que eles têm tal entendimento pelo fato de que, mesmo que você adicione entendimento, eles não agirão mais adequadamente do que eles faziam em primeiro lugar. Por que a galinha não tem medo do pavão ou do ganso, mas corre do falcão, que é um animal muito menor? Por que as galinhas jovens temem um gato e não um cachorro? Essas aves têm claramente pressentimento dos riscos – um não baseado em experimentos reais; porque elas evitam uma coisa antes de poderem ter experiência do perigo.

20. Além disso, para que você não suponha que isso seja o resultado do acaso, elas não fogem de outras coisas que você esperaria que temessem, nem nunca esquecem a vigilância e o cuidado a esse respeito; todos possuem igualmente a faculdade de evitar o que é destrutivo. Além disso, seu medo não cresce à medida que suas vidas se prolongam. Por conseguinte, é evidente que esses animais não atingiram tal condição por conta da experiência; mas sim por causa de um desejo inato de autopreservação. Os ensinamentos da experiência são lentos e irregulares; mas o que a natureza ensina pertence igualmente a todos e vem imediatamente.

21. Se, no entanto, você precisar de uma explicação, devo dizer-lhe como é que todo ser vivo tenta entender o que é prejudicial? Ele sente que

é construído de carne e assim percebe até que ponto a carne pode ser cortada, ou queimada, ou esmagada e quais animais estão equipados com o poder de causar esse dano; é desse tipo de animais que deriva uma ideia desfavorável e hostil. Essas tendências estão intimamente relacionadas; pois cada animal, ao mesmo tempo, considera sua própria segurança, buscando o que o ajudará e fugindo daquilo que o prejudicará. Os impulsos para objetos úteis e repugnância, ao contrário, estão de acordo com a natureza; sem qualquer reflexão para induzir a ideia e sem qualquer conselho, tudo o que a natureza prescreve é executado.

22. Você não vê como as abelhas são hábeis em construir seus alvéolos? Quão completamente harmoniosas em compartilhar e suportar o trabalho? Você não vê como a aranha tece uma teia tão sutil que a mão do homem não pode imitá-la; e que tarefa é arrumar os fios, alguns direcionados para o centro, com o objetivo de tornar a teia sólida, e outros correndo em círculos e diminuindo em espessura – com a finalidade de enrolar e pegar em uma espécie de rede insetos menores?

23. Essa arte é inata, não ensinada, e por esse motivo nenhum animal é mais experiente do que qualquer outro. Você notará que todas as teias de aranha são igualmente boas e que as formas de todas as células de favo de mel são idênticas. O que a arte transmite é incerto e desigual; mas as atribuições da natureza são sempre uniformes. A natureza não transmitiu nada além do dever de cuidar de si e da habilidade para fazê-lo; é por isso que a vida e o aprendizado começam ao mesmo tempo.

24. Não é de admirar que os seres vivos nasçam com uma dádiva cuja ausência faria o nascimento inútil. Este é o primeiro equipamento que a natureza lhes concedeu para a manutenção de sua existência – a qualidade da adaptabilidade e do amor-próprio. Eles não poderiam sobreviver, exceto por querer fazê-lo. Nem esse desejo sozinho os teria feito prosperar, mas sem ele nada poderia prosperar. Em nenhum animal você pode observar qualquer baixa estima, ou mesmo qualquer descuido de si mesmo. As bestas estúpidas, preguiçosas em outros aspectos, são espertas em viver. Então você verá que as criaturas que são inúteis e rebeldes para ajudar os outros estão alertas para sua própria preservação.

Mantenha-se Forte. Mantenha-se Bem.

XXX.
SOBRE A ESCURIDÃO COMO UM VÉU PARA A MALDADE

Saudações de Sêneca a Lucílio.

01. Os dias já estão começando a ficar mais curtos, mas ainda assim permitirão um bom espaço de tempo se alguém se eleva, por assim dizer, com o próprio dia. Somos mais industriosos e somos homens melhores se antecirparmos o dia e o recebemos no amanhecer; mas nós somos mesquinhos se dormimos quando o sol está alto nos céus ou se acordamos somente quando o meio-dia chega; e para muitos parece que mesmo ao meio-dia ainda não amanheceu.

02. Alguns invertem as funções do dia e da noite; eles abrem os olhos pesados com a devassidão de ontem apenas na aproximação da noite. É como a condição daqueles povos que, de acordo com Virgílio, a natureza escondeu e colocou em uma morada diretamente oposta à nossa:

| Quando em nosso rosto o alvorecer com corcéis ofegantes respira, Para eles a noite avermelhada acende seus incêndios com atraso. | Nosque ubi primus equis Oriens adflavit anhelis, Illis sera rubens accendit lumina Vesper.[161] |

Não é só a morada desses homens, tanto quanto suas vidas, que é "diretamente oposta" à nossa.

03. Pode haver antípodas[162] morando nessa mesma cidade que, nas palavras de Catão, "nunca viram o sol se levantar ou se pôr".[163] Você acha que esses homens sabem como viver, se eles não sabem quando viver? Esses homens dizem temer a morte, mas eles se enterraram vivos! Eles são tão de mau agouro quanto os pássaros da noite.[164] Embora passem suas horas de escuridão em meio ao vinho e aos perfumes, embora passem toda a extensão de suas horas não naturais de vigília a comer jantares – e daqueles cozidos separadamente para fazer muitos pratos –, eles não estão realmente banqueteando; eles estão realizando os próprios serviços funerários. E os mortos pelo menos têm seus banquetes à luz do dia. Mas para quem está ativo, nenhum dia é longo. Então, prolonguemos nossas vidas; pois o dever e a prova de vida consistem em ação. Faça a noite curta, use um pouco dela para o dia de negócios.

04. As aves que estão sendo preparadas para o banquete, que podem ser engordadas facilmente pela falta de exercício, são mantidas na escuridão. E, da mesma forma, se os homens vegetam sem atividade física, seus corpos ociosos são sobrecarregados com a carne e banha, e com sua vida nas sombras, a gordura da indolência cresce sobre eles. Além disso, os corpos daqueles que juraram lealdade às horas da escuridão têm uma aparência repugnante. Suas cores são mais alarmantes do que as de anêmicos inválidos; são apáticos e flácidos pela hidropisia;[165] embora ainda vivos, eles já são carniça. Mas, a meu ver, seria um dos seus males menores. Quão mais escuridão há em suas almas! Esse homem está internamente atordoado; sua visão está escurecida; ele inveja os cegos. E qual homem já teve olhos com o propósito de ver no escuro?

05. Você me pergunta como esta depravação vem sobre a alma – esse hábito de reverter a luz do dia e dar toda a existência à noite? Todos os vícios se rebelam contra a natureza; todos abandonaram a ordem estabelecida. É o lema da vida libertina aproveitar o que é incomum e não apenas afastar-se do que é certo, mas deixá-lo o mais longe possível e, finalmente, assumir uma posição de oposição.

06. Você não acredita que os homens vivam contrários à natureza quando bebem em jejum, quando tomam vinho em veias vazias e passam para a comida já em estado de intoxicação? E, no entanto, este é um dos vícios populares da juventude – aperfeiçoar sua força para beber no próprio limiar da piscina, em meio aos banhistas nus; até mesmo embeber-se em vinho e, em seguida, imediatamente esfregar o suor que promoveram por muitos copos quentes de licor! Para eles, um copo após o almoço ou um depois do jantar é coisa simplória; é o que os escravos do campo fazem, que não são conhecedores do prazer. Este vinho não misturado os delicia apenas porque não há comida para flutuar nele, porque ele entra facilmente nos seus nervos; esta bebida lhes agrada apenas porque o estômago está vazio.

07. Você não acredita que os homens vivam contrários à natureza quando trocam a moda de suas roupas com as mulheres? Os homens não vivem contrários à natureza quando se esforçam para parecer frescos e juvenis em uma idade inadequada para tal tentativa? O que poderia ser mais cruel ou mais miserável? Não seria possível que o tempo e as posses deste homem o levassem além de uma infância artificial?

08. Os homens não vivem contrários à natureza quando desejam rosas no inverno ou buscam criar uma flor de primavera como o lírio por meio de aquecedores de água e mudanças artificiais de temperatura? Os homens não vivem contrários à natureza quando cultivam árvores frutíferas no topo de um muro? Ou constroem florestas ondulantes sobre os telhados e as muralhas de suas casas – raízes que começam em um ponto em que seria extravagante que os topos das árvores chegassem? Os homens não vivem contrários à natureza quando colocam os alicerces dos banheiros no mar e não imaginam que possam nadar, a menos que sua piscina aquecida seja açoitada pelas ondas de uma tempestade?

09. Quando os homens começam a desejar todas as coisas em oposição aos caminhos da natureza, terminam abandonando completamente os caminhos da natureza. Eles clamam: "É dia – vamos dormir! É o momento em que os homens descansam: agora para o exercício, agora para o nosso passeio, agora para o almoço! Oh, o amanhecer se aproxima: é hora do jantar! Não faça como a humanidade faz. É baixo e mesquinho viver da maneira usual e convencional. Deixe-nos abandonar o dia comum. Tenhamos uma manhã que seja uma característica especial nossa, peculiar a nós mesmos!"

10. Tais homens estão, na minha opinião, tão bons quanto mortos. Eles não estão senão presentes em um funeral – e prematuro – quando vivem em meio a tochas e velas? Lembro-me de que esse tipo de vida estava muito à moda em um tempo: entre homens como Acílio Buta, um pretor que desperdiçou uma tremenda herança, confessando sua falência a Tibério, recebeu a seguinte resposta: "Você acordou muito tarde!"

11. Júlio Montano estava uma vez lendo um poema em voz alta, ele era um poeta sofrível, conhecido por sua amizade com Tibério, bem como por sua queda em desgraça. Ele costumava preencher seus poemas com uma generosa chuva de nasceres e pores do sol. Assim, quando certa pessoa estava reclamando que Montano tinha lido o dia inteiro e declarou que nenhum homem deveria comparecer a nenhuma das suas leituras, Pinário Nata observou: "Eu não poderia fazer uma pechincha mais justa do que isto: estou pronto para ouvi-lo do nascer ao pôr do sol!"

12. Montano estava lendo e tinha chegado às palavras:

Aqui começa a manhã brilhante a espalhar suas chamas claras;	Incipit ardentes Phoebus producere flammas,
O amanhecer vermelho dispersa sua luz;	Spargere se rubicunda dies, iam tristis hirundo
E a andorinha de olhos tristes volta a seus filhotes, trazendo a comida dos palradores, e compartilhando e servindo o doce.	Argutis reditura cibos inmittere nidis Incipit et molli partitos ore ministrat,

Então Varo, um cavaleiro romano, o bajulador de Marco Vinício e um parasita em jantares elegantes aos quais ganhava acesso com seu espírito degenerado, gritou: "Hora de dormir para Buta!"

13. E mais tarde, quando Montano declamou:

Eis que os pastores dobraram seus rebanhos e a escuridão lenta começa a espalhar o silêncio sobre terras que estão embaladas em topor.	Iam sua pastores stabulis armenta locarunt, Iam dare sopitis nox pigra silentia terris Incipit,

O mesmo Varo observou: "O quê? Noite já? Vou fazer a minha visita matinal a Buta!" Você vê, nada era mais notório do que a maneira de vida de Buta. Mas esta vida, como eu disse, estava na moda aquele tempo.

14. E a razão pela qual alguns homens vivem assim não é porque eles pensam que a noite em si oferece alguma atração maior, mas porque o que é normal não lhes dá prazer particular; a luz, sendo uma amarga inimiga, dá má consciência. Além disso, quando alguém valoriza ou despreza as coisas na medida de seu preço, a iluminação pela qual não se paga é objeto de desprezo. Igualmente, a pessoa luxuosa deseja ser objeto de fofoca durante toda a vida; se as pessoas estão em silêncio sobre ela, acha que está desperdiçando seu tempo. Por isso, fica desconfortável sempre que qualquer de suas ações escapa à notoriedade. Muitos homens consomem todas suas propriedades e muitos homens mantêm amantes, mas se você quiser ganhar uma reputação entre essas pessoas, deve fazer de seu programa não apenas um de luxo, mas um de notoriedade; em uma comunidade assim ocupada, uma perversão vulgar não é matéria para conversas!

15. Ouvi esses dias Albinovano Pedo,[166] o mais cativante contador de histórias, falando de sua residência no condomínio de Séxtio Papinio. Papinio pertencia à tribo daqueles que evitam a luz. "Cerca das nove horas da noite, ouço o som dos chicotes. Pergunto o que está acontecendo e eles me contam que Papinio está examinando suas contas. Cerca de doze horas há um grito extenuante; pergunto qual é o problema e eles dizem que ele está exercitando sua voz. Cerca de duas da manhã, eu pergunto o significado do som das rodas, eles me dizem que ele está fora para um passeio.

16. "E no amanhecer há uma tremenda confusão de escravos e mordomos e pandemônio entre os cozinheiros. Pergunto o significado disso também e eles me contam que Papinio pediu o seu tônico e seu aperitivo, depois de sair do banho, seu jantar. Seu jantar nunca foi além do dia, pois ele vivia com muita moderação, ele era pródigo com tudo, exceto da noite." E quando alguns de nós chamamos o homem de sórdido e avarento, Albinovano acrescentou: "Até poderíamos dizer que ele vivia de óleo de candeia!"

17. Você não deve se surpreender ao encontrar tantas manifestações especiais dos vícios; pois os vícios variam e há inúmeras fases deles, nem todos os seus vários tipos podem ser classificados. O método para manter a integridade é simples. O método para manter a perversidade é complicado e tem infinita oportunidade de mudar de direção. E o mesmo vale para os costumes; se você seguir a natureza, o caráter é fácil de gerenciar, livre e com tons de diferença muito leves; mas o tipo

de pessoa que mencionei possui caráter muito deformado, fora de harmonia com todas as coisas, incluindo ele próprio.

18. A principal causa, no entanto, desta doença parece-me ser uma revolta severa contra a existência normal. Assim como essas pessoas se distinguem das outras nas vestes, ou no arranjo elaborado de seus jantares, ou na elegância de suas carruagens; assim também elas desejam tornar-se peculiares por sua maneira de dividir as horas do dia. Elas não estão dispostas a ser perversas do modo convencional, porque a notoriedade é a recompensa de seu tipo de perversão. A notoriedade é o que todos esses homens procuram – homens que estão, por assim dizer, vivendo às avessas.

19. Por este motivo, Lucílio, deixe-nos manter o caminho que a natureza traçou para nós e não nos desviemos disso. Se seguirmos a natureza, tudo é fácil e desobstruído; mas se combatermos a natureza, a nossa vida não difere da dos homens que remam contra a corrente.

Mantenha-se Forte. Mantenha-se Bem.

XXXI.
SOBRE O CONFLITO ENTRE PRAZER E VIRTUDE

Saudações de Sêneca a Lucílio.

01. Mais cansado pelo desconforto do que com a duração da minha jornada, cheguei a minha vila em Alba tarde da noite e não encontrei nada preparado, exceto meu apetite. Então, estou me livrando da fadiga na minha mesa de escrita: eu obtive algo bom desse atraso por parte do meu cozinheiro e meu padeiro. Pois eu estou comungando comigo mesmo neste tópico – que nada é difícil se alguém o aceita com um coração leve e que nada precisa provocar a ira de alguém se não adicionar a raiva a sua pilha de problemas.

02. Meu padeiro está sem pão; mas o zelador, ou o feitor da casa, ou um dos meus inquilinos, pode me fornecer. "Pão de segunda!", você dirá. Mas apenas espere; ele se tornará bom. A fome tornará o pão delicado e do melhor sabor. Por essa razão, não devo comer até que a fome me ordene; então eu espero e não devo comer até que eu possa obter um bom pão ou então deixar de ser melindroso sobre isso.

03. É necessário que alguém se acostume a uma alimentação simples: porque há muitos problemas de tempo e lugar que atravessarão o caminho, mesmo do homem rico e bem equipado para o prazer. Ter tudo o que se deseja não está ao poder de ninguém; está ao poder de todos não desejar o que não tem, mas alegremente empregar o que se tem. Um grande passo para a independência é um estômago bem educado, que esteja disposto a suportar um tratamento grosseiro.

04. Você não pode imaginar quanto prazer tirei do fato de meu cansaço ter se reconciliado consigo mesmo; eu não procuro nenhum escravo para me massagear, nenhum banho e nenhum outro fortificante, exceto o tempo. Pois o que o trabalho acumulou, o descanso pode aliviar. Esta refeição, seja lá o que for, me dará mais prazer do que um banquete inaugural.[167]

05. Pois eu tive que julgar meu espírito de improviso – um teste mais simples e mais verdadeiro. Na verdade, quando um homem faz preparativos e se dá uma convocação formal para ser paciente, não é igualmente clara a quantidade de força real de sua alma. As provas mais convincentes de firmeza de alma são as que surgem de improviso: aceitar os contratempos não só com calma, mas também com boa disposição; não se irritar, não resmungar; suprir as carências com a ausência de desejos, convencer-se de que aos seus hábitos pode faltar qualquer coisa, mas que a si mesmo nada falta!

06. Quantas coisas supérfluas não conseguimos perceber até que elas comecem a faltar. Nós simplesmente estamos acostumados a usá-las não porque precisávamos delas, mas porque nós as possuíamos. E quantas compramos simplesmente porque nossos vizinhos haviam comprado ou porque a maioria dos homens as possui! Muitos dos nossos problemas podem ser explicados pelo fato de que vivemos de acordo com um padrão e, em vez de organizar nossas vidas de acordo com a razão, somos desviados pela moda. Há coisas que, se feitas por poucos, recusamos a imitar; ainda assim, quando a maioria começa a fazê-las, seguimos essa maioria – como se qualquer coisa fosse mais honrada apenas por ser mais frequente! Além disso, visões erradas, quando se tornam predominantes, alcançam a nossos olhos o padrão de justiça.

07. Todo mundo agora viaja com batedores numidianos que o precedem, com uma tropa de escravos para abrir o caminho; nós julgamos vergonhoso não ter atendentes que irão acotovelar a multidão da rua, ou provarão, por uma grande nuvem de poeira, que um alto dignitário se aproxima! Todos agora possuem mulas carregadas de copos de cristal e mirra criados por artistas de grande renome; é horrível que toda a sua bagagem seja composta daquilo que pode ser dispensado sem perigo. Todo mundo tem pajens que viajam com rostos cobertos de pomadas para que o calor ou o frio não prejudiquem a sua pele delicada; é vergonhoso que nenhum dos seus escravos possa mostrar uma bochecha saudável, não coberta de cosméticos.

08. Você deve evitar a conversa com todas essas pessoas: elas são o tipo que espalha e implanta seus maus hábitos de um para outro. Nós costumávamos pensar que a pior variedade desses homens era aquela que se vangloriava por suas palavras; mas há certos homens que se vangloriam da sua maldade. Sua conversa é muito prejudicial; pois, embora não sejam imediatamente convincentes, ainda assim deixam as sementes da angústia na alma, e o mal que certamente surgirá em um novo broto nos seguirá mesmo quando nos separarmos deles.

09. Assim como aqueles que comparecem a um concerto carregam em suas cabeças as melodias e o encanto das músicas que ouviram – um processo que interfere em seus pensamentos e não lhes permite se concentrarem em assuntos sérios –, o mesmo acontece com o discurso de aduladores e entusiastas do depravado, que gruda em nossas mentes muito depois de os termos ouvido falar. Não é fácil livrar a memória de uma melodia atraente; ela permanece conosco, dura e volta de vez em quando. Consequentemente, você deve fechar seus ouvidos contra a conversa do mal e, logo de início, preferencialmente! Pois quando essa conversa ganha uma entrada e as palavras são admitidas e estão em nossas mentes, tornam-se mais sem-vergonha, elas crescem em atrevimento.

10. E então começamos a falar da seguinte maneira: "A virtude, a filosofia, a justiça – tudo isso é um jargão de palavras vazias. A única maneira de ser feliz é fazer o bem a você mesmo. Pois comer, beber e gastar seu dinheiro é a única vida real, a única maneira de lembrar-se de que você é mortal. Nossos dias fluem e a vida – que não podemos restaurar – afasta-se de nós. Por que hesita em cair em si? Essa vida nossa nem sempre admite prazeres; entretanto, enquanto pudermos fazê-los, enquanto ela clama por eles, que lucro reside na autoimposição da frugalidade? Portanto, ultrapasse a morte e deixe tudo o que a morte tirará de você ser esbanjado agora. Você não tem amante, nem um escravo favorito para tornar sua amante invejosa, você está sóbrio quando faz a sua aparição diária em público, você janta como se tivesse que mostrar o seu livro de contas para o 'papai', mas isso não é viver, é meramente ver a vida de outras pessoas.

11. "E que loucura é defender os interesses de seu herdeiro e negar tudo a si mesmo, com o resultado de transformar amigos em inimigos pela grande quantidade de riquezas que você pretende deixar! Pois quanto mais o herdeiro tirar de você, mais ele se alegrará com a sua morte! Todos aqueles amargos que criticam a vida de outros homens com um

espírito esnobe e são inimigos reais de suas próprias vidas, esses filósofos que querem dar lições ao mundo – você deve considerá-los como não valendo um centavo, nem deve hesitar em preferir uma boa vida em vez de uma boa reputação!"

12. Essas são vozes que você deve evitar, assim como Ulisses fez; ele não se atreveu navegar ao lado das sereias até que fosse amarrado ao mastro. Essas vozes não são menos potentes; elas afastam homens de suas pátrias, pais, amigos e caminhos virtuosos; e por uma esperança de que, se não vil, é infeliz, elas destroçam homens a uma vida de infâmia. Quão melhor é seguir um curso direto e atingir um objetivo em que as palavras "agradável" e "honrado" têm o mesmo significado!

13. Este curso será possível para nós se entendermos que existem apenas duas classes de objetos que nos atraem ou nos repelem. Somos atraídos por coisas como riquezas, prazeres, beleza, ambição e outros objetos tão atraentes e agradáveis; somos repelidos pelo trabalho, morte, dor, desgraça ou vidas de maior frugalidade. Devemos, portanto, nos treinar para que possamos evitar o medo de um ou o desejo pelo outro. Lutemos de maneira oposta: retiremo-nos dos objetos que atraem e instiguemo-nos a encontrar os objetos que agridem.

14. Você não vê o quanto é diferente o método de descer uma montanha daquele empregado na escalada acima? Os homens descendo uma encosta inclinam-se para trás; os homens que sobem um lugar íngreme inclinam-se para a frente. Pois, meu querido Lucílio, permitir-se colocar o peso do seu corpo à frente ao descer ou, ao subir lançá-lo para trás, é aquiescer com o vício. Os prazeres levam o homem colina abaixo, mas é preciso trabalhar para o que é difícil e íngreme de escalar; em um caso, vamos lançar nossos corpos para a frente, nos outros vamos colocar a rédea sobre eles.

15. Você acredita no que estou afirmando agora, que só esses homens trazem a nossa ruína aos nossos ouvidos, que louvam o prazer, que nos despertam com medo da dor – esse elemento que, por si só, é provocador do medo? Eu acredito que também somos feridos por aqueles que se disfarçam sob o manto da escola estoica e, ao mesmo tempo, nos encorajam a entrar no vício. Eles vangloriam-se de que apenas o homem sábio é hábil para fazer amor. "Apenas ele tem sabedoria

nesta arte, o sábio também é o maior perito em beber, banquetear e em praticar amores homossexuais. Investiguemos, portanto, até que idade os rapazinhos servem para fazer amor!"
16. Tudo isso pode ser considerado uma concessão aos caminhos da Grécia;[168] nós devemos, de preferência, chamar nossa atenção para palavras como estas: "Nenhum homem é bom por acaso. A virtude é algo que deve ser aprendida. O prazer é vil, mesquinho, deve ser considerado inútil, compartilhado até mesmo por animais – o mais ínfimo e o mais mesquinho também busca o prazer. Glória é uma coisa vazia e fugaz, mais leve do que o ar. Pobreza não é um mal para ninguém, a menos que ele recalcitre contra os aguilhões.[169] A morte não é um mal, porque você precisa perguntar? Só a morte é o privilégio igualitário da humanidade. Superstição é a ideia equivocada de um lunático, teme aqueles a quem deve amar e profana os deuses em vez de lhes prestar culto. Pois que diferença existe entre negar os deuses e desonrá-los?"
17. Você deve aprender princípios como esses, ou melhor, você deve aprendê-los de cor, interiorizá-los. A filosofia não deve tentar justificar o vício. Pois um homem doente, quando seu médico recomenda viver imprudentemente, é porque está condenado além da escapatória!

Mantenha-se Forte. Mantenha-se Bem.

XXXII.
SOBRE O VERDADEIRO BEM COMO ALCANÇADO PELA RAZÃO

Saudações de Sêneca a Lucílio.

> **01.** Um muito antigo preceito poderia dar, não se afaste, e sinta que é vergonhoso aprender tais minúcias sutis.
>
> Possum multa tibi veterum praecepta referre,
> Ni refugis tenuisque piget cognoscere curas.[170]

Mas você não se afasta, nem é dissuadido por qualquer sutileza de estudo. Pois sua mente culta não costuma investigar assuntos tão importantes de forma casual. Eu aprovo o seu método na medida em que faz com que tudo conte para um certo grau de progresso moral, e em que você apenas fica desapontado quando vê que uma extrema sutileza não leva a resultado prático algum. E devo me esforçar para mostrar que este é o caso agora. Nossa pergunta é, se o bem é entendido pelos sentidos ou pela razão; e um ponto anexo, se a noção de bem existe em animais ou em crianças pequenas.

02. Aqueles que avaliam o prazer como o ideal supremo acreditam que o bem é uma questão de sentidos;[171] mas nós, estoicos, afirmamos que é uma questão de razão, e nós atribuímos isso à alma. Se os sentidos fossem julgar o que é bom, nunca deveríamos rejeitar qualquer prazer; pois não há prazer que não atraia, nem prazer que não agrade. Por outro lado, não deveríamos sofrer dor voluntariamente; pois não há dor que não se choque com os sentidos.

03. Além disso, aqueles que gostam muito do prazer e aqueles que temem a dor no maior grau, não mereceriam repreensão. Mas condenamos os homens que são escravos de seus apetites e sua luxúria e desprezamos os homens que, por medo da dor, não ousam nenhuma ação varonil. Mas qual erro estariam cometendo se atribuírem apenas para os sentidos o julgamento do bem e do mal? Pois não foi nos sentidos que você e os seus confiaram o teste das coisas a serem buscadas e coisas a serem evitadas?

04. A razão, no entanto, é certamente o elemento governante em uma questão como esta. A razão toma a decisão sobre a vida feliz e sobre a virtude e a honra também, então ela toma a decisão em relação ao bem e ao mal. Já com eles, a parte mais torpe pode passar julgamento sobre a melhor, pois os sentidos – estúpidos e preguiçosos como são, ainda mais lentos no homem do que nos outros animais – é que irão julgar o que é o bem!

05. Apenas suponha que alguém deseje distinguir pequenos objetos pelo toque e não pela visão! Não há faculdade especial mais sutil e perspicaz do que o olho, que nos permita distinguir entre o bem e o mal. Você vê, portanto, em que ignorância um homem passa seus dias e quão abjetamente abandonou ideais sublimes e divinos, se acha que a sensação de toque pode julgar a natureza do bem supremo e do mal supremo!

06. Ele diz:[172] "Assim como toda ciência e toda arte devem possuir um elemento que seja palpável e capaz de ser captado pelos sentidos, também assim a vida feliz deriva seu fundamento e seu começo das coisas que são palpáveis e daquilo que se enquadra no escopo dos sentidos. Certamente vocês, estoicos, admitem que a vida feliz tem seu início nas coisas palpáveis aos sentidos".

07. Mas nós definimos como "felizes" vidas que estão de acordo com a natureza. E o que está de acordo com a natureza é óbvio e pode ser visto de uma só vez – tão facilmente quanto o que é completo. O que está de acordo com a natureza, que nos é dado como um presente imediatamente ao nosso nascimento é, eu mantenho, não um bem, mas o começo de um bem. Você, no entanto, atribui o bem supremo, prazer, aos meros bebês, de forma que a criança no nascimento começa no ponto em que chega o homem aperfeiçoado! Você está colocando a copa da árvore onde a raiz deve estar.

08. Se alguém dissesse que o feto, ainda escondido no útero da mãe, de sexo desconhecido, delicado, incompleto e sem forma – se alguém dissesse que esta criança já está em posse do bem, essa pessoa claramente pareceria estar desviada em suas ideias. E no entanto, quão pouca diferença existe entre quem acabou de receber recentemente o dom da vida e aquele que ainda é uma carga escondida nas entranhas da mãe! Eles são igualmente desenvolvidos, no que diz respeito à sua compreensão do bem ou do mal. E uma criança recém-nascida ainda não é mais capaz de compreender o bem do que é uma árvore ou qualquer besta selvagem. Mas por que o bem é inexistente em uma árvore ou em uma besta selvagem? Porque neles também não há raciocínio. Pela mesma causa, então, o bem é inexistente em uma criança, pois a criança também não tem nenhum raciocínio. A criança atingirá o bem somente quando chegar à razão.[173]

09. Há animais sem raciocínio, há animais ainda não dotados de razão e há animais que possuem razão, mas apenas incompletamente; em nenhum destes o bem existe, pois é a razão que traz o bem em sua companhia. Qual é, então, a distinção entre as classes que mencionei? Naquilo que não possui raciocínio, o bem nunca existirá. Naquilo que ainda não é dotado de raciocínio, o bem não pode existir no momento. E naquilo que possui raciocínio, mas apenas incompleto, o bem é capaz de existir, mas ainda não existe.

10. Isto é o que quero dizer, Lucílio: o bem não pode ser descoberto em qualquer pessoa aleatória ou em qualquer idade aleatória. E está tão longe da infância como o ponto de chegada está do ponto de partida ou a obra acabada do esboço inicial; não existe, portanto, num corpo frágil, ainda em fase de crescimento. E não está nesse pequeno corpo como não estava ainda no embrião. Claro que não – não mais do que na semente.

11. Ao conceder a verdade disso, entendemos que existe um certo tipo de bem em uma árvore ou em um arbusto. Mas isso não é verdade em seu primeiro crescimento, quando a planta acaba de começar a sair do chão. Há certo bem no trigo: ainda não existe na haste nascente nem quando a espiga macia está brotando da casca, mas somente quando os dias de verão amadureceram o trigo. Assim como a natureza em geral não produz o seu bem específico até que seja trazida à plena maturidade, da mesma forma o bem do homem não existe nele até que tanto a razão como o homem sejam aperfeiçoados.

12. E o que é esse bem específico? Devo dizer-lhe: é uma mente livre, uma mente reta, sujeitando outras coisas a si mesmo e não se sujeitando a nada. Tão longe está a infância deste bem que ela própria não tem

esperança, e até mesmo a juventude aprecia a esperança sem justificativa; até a nossa velhice é muito afortunada se atingir este bem depois de um estudo longo e concentrado. Se isso, então, é o bem, o bem é uma questão de entendimento.

13. "Mas," vem a réplica, "você admitiu que há certo bem nas árvores e na grama, então certamente pode haver certo bem em uma criança também." Mas o verdadeiro bem não é encontrado em árvores ou em animais selvagens, o bem que existe neles é chamado de bem apenas por cortesia. "Então, o que é?", você pergunta. Simplesmente o que está de acordo com a natureza de cada um. O verdadeiro bem não pode encontrar um lugar em animais selvagens de forma alguma; sua natureza é mais bendita e é de uma classe superior. E onde não há lugar para a razão, o bem não existe.

14. Há quatro naturezas que devemos mencionar aqui: da árvore, do animal, do homem e de Deus. Os dois últimos, com poder de raciocínio, são da mesma natureza, distintos apenas em virtude da imortalidade de um e da mortalidade do outro. De um desses – de Deus –, é a natureza que aperfeiçoa o bem; do outro – do homem –, as dores e o longo estudo faz o aperfeiçoamento do bem. Todos os seres restantes são perfeitos apenas em sua natureza particular, e não são verdadeiramente perfeitos, pois não têm raciocínio. Na verdade, para resumir, só é perfeito o que é perfeito de acordo com a natureza como um todo, e a natureza como um todo possui razão. Outras coisas podem ser perfeitas de acordo com sua espécie.

15. O que não pode conter a vida feliz não pode conter o que produz a vida feliz; e a vida feliz é produzida apenas por um conjunto de bens. Em animais irracionais, não há vestígios da vida feliz nem dos meios pelos quais a vida feliz é produzida; em animais, o bem não existe.

16. O animal irracional compreende o mundo presente através de seus sentidos apenas. Ele só se lembra do passado ao encontrar-se com algo que relembra seus sentidos; um cavalo, por exemplo, lembra a estrada certa somente quando ele é colocado no ponto de partida. Em seu estábulo, no entanto, ele não tem lembrança da estrada, não importa quantas vezes ele possa ter passado por ela. A terceira seção do tempo – o futuro – não está ao alcance dos irracionais.

17. Como, então, podemos considerar tão perfeita a natureza daqueles que não têm experiência de tempo em sua perfeição? Pois o tempo é triplo – passado, presente e futuro. Os animais percebem apenas o tempo que é de maior importância para eles dentro dos limites de seu ir e vir – o presente. Raramente eles se lembram do passado –, e isso só quando eles são confrontados pela ocorrência de circunstâncias presentes.

18. Portanto, o bem próprio de uma natureza perfeita não pode existir em uma natureza imperfeita; pois se o último tipo de natureza pudesse possuir o bem, assim também poderia a mera vegetação. Eu realmente não nego que os animais tenham impulsos fortes e rápidos para ações que parecem de acordo com a natureza, mas tais impulsos são confusos e desordenados. O bem, no entanto, nunca é confuso ou desordenado.

19. "Como assim?" Você diz: "*Os animais se movem de maneira perturbada, mal ordenada e sem finalidade?*" Devo dizer que eles se moveriam de forma perturbada e mal ordenada, se sua natureza admitisse a ordem; como é, eles se movem de acordo com sua natureza. Pois o que é dito ser "desordenado" também pode ser "ordenado" em algum outro momento; assim, também, se diz de um estado de problemas que pode estar em um estado de paz. Nenhum homem é vicioso senão aquele que tem a capacidade da virtude; no caso dos animais, sua moção é resultado da sua natureza.

20. Mas, para não o cansar, certo tipo de bem será encontrado em um animal, e certo tipo de virtude, e certo tipo de perfeição – mas nem o bem, nem a virtude, nem a perfeição no sentido absoluto. Pois este é o privilégio apenas dos seres de raciocínio, a quem é facultado saber o porquê – dentro de que limites – e de que modo agir. Em suma, o bem só pode existir naquilo onde existe a razão.

21. Você pergunta agora para onde o nosso argumento está tendendo e de que benefício será para sua alma? Eu lhe direi: ele exercita e afia a mente e assegura, ao ocupar-se de maneira honrosa, de que ela irá realizar algum tipo de bem. E mesmo isso é benéfico, o que retém os homens quando eles se precipitam em perversidade. No entanto, direi isto também: não posso ser de maior benefício para você do que revelar o bem que é de direito seu, ao lhe tirar da classe dos animais idiotas e colocá-lo em companhia da divindade.

22. Por que, ora, você exercita e pratica sua força corporal? A natureza conferiu força em maior grau ao gado e aos animais selvagens. Por que cultivar sua beleza? Depois de todos os seus esforços, os animais ultrapassam você em graciosidade. Por que arranjar o cabelo com tanta atenção? Embora você o penteie à moda parta, ou ajeite-o no estilo germânico ou, eriçado como os citas fazem, o deixe fluir selvagem, ainda assim você verá uma crina de maior espessura balançando sobre qualquer cavalo que você escolher e uma juba de maior beleza eriçada sobre o pescoço de qualquer leão. E mesmo depois de treinar para a velocidade, você não será igual à lebre.

23. Você não está disposto a abandonar todos esses detalhes – nos quais você deverá reconhecer a derrota –, esforçando-se por algo que não é seu e voltar-se ao bem que é realmente seu? E o que é esse bem? É uma mente clara e sem falhas, que rivaliza com a de Deus, elevada muito acima das preocupações mortais e não contando como seu nada que esteja fora de si próprio. Você é um animal de raciocínio. Qual bem, então, está dentro de você? O raciocínio perfeito. Você está disposto a desenvolver isso em seus limites mais distantes – ao seu maior grau de aumento?

24. Apenas considere-se feliz quando todas as suas alegrias nascem da razão e quando – observando todos os objetos pelos quais os homens se agarram, ou rezam, ou cuidam – você não encontra nada do que desejar; atenção, eu não digo preferir. Aqui está uma breve regra para você se medir e testar se alcançou a perfeição: você será livre quando perceber que aqueles a quem o mundo chama de afortunados são realmente os mais infelizes de todos.

Mantenha-se Forte. Mantenha-se Bem.

NOTAS

1. Isto é, o Sol.
2. Referência ao *comitia centuriata*, assembleia das centúrias, dividida em *Juniores*, homens com idade entre 17 e 46, e *Seniores*, com idade entre 46 e 65.
3. A tese do geocentrismo era uma ideia contestada também na época de Sêneca como pode ser visto no *Questões Naturais*, livro VII, em que discute o movimento dos cometas.
4. NT: Tanúsio Geminus foi um historiador. Chegou a ser mencionado por Suetônio em *Diuus Julius*, IX. A expressão de Sêneca ("que os homens dizem dele") é uma reminiscência da *carta* do poema de Catulo.
5. Espoliário na Roma Antiga era o lugar anexo às arenas no qual se despojavam das vestes os gladiadores mortos em combate e se acabava de matar os que tinham sido mortalmente feridos.
6. Isto é a *praecepta*, a moral prática, que ministra conselhos, por oposição à moral teórica que estabelece os princípios básicos, *decreta*.
7. NT: Aríston de Quios (em grego: Ἀρίστων ὁ Χίος; fl. c. 260 a.C.) foi discípulo de Zenão. Esboçou um sistema de filosofia estoica que esteve, em muitos aspectos, mais próximo da anterior filosofia cínica.
8. NT: Humorismo, ou humoralismo, foi uma teoria sobre a constituição e funcionamento do corpo humano adotada pelos médicos e filósofos gregos e romanos. Essencialmente, essa teoria afirmava que o corpo humano era preenchido com quatro substâncias básicas, chamadas de os quatro humores, ou humores, os quais estão balanceados quando a pessoa está saudável. Todas as doenças e inaptidões resultavam do excesso ou da deficiência de um desses quatro humores. Os quatro humores eram identificados como bílis negra, bílis amarela, fleuma e sangue. Os gregos, os romanos e os estabelecimentos médicos posteriores da Europa Ocidental, que adotavam e adaptavam a filosofia médica clássica, acreditavam que cada um desses

humores poderia aumentar e diminuir no corpo, dependendo da dieta e da atividade.

9. NT: G. Licínio Calvo, orador e poeta contemporâneo de César e Cícero, amigo íntimo de Catulo, célebre sobretudo pelos seus discursos contra Vatínio (cf. Catulo 53), ainda lidos e admirados no tempo Tácito e Plínio. Utilizou uma oratória tão refinada que, no julgamento de Vatínio, foi interrompido no meio do discurso por uma frase: *"Jurados, pergunto-lhes se irão condenar o suspeito simplesmente pela eloquência do acusador!"*

10. NT: Públio Vatínio foi um político da gente Vatínia da República Romana eleito cônsul em 47 a.C. Depois de terminado seu mandato, Vatínio foi acusado formalmente por Caio Livínio Calvo de aceitar subornos.

11. NT: Moeda referida também no Novo Testamento (Lucas 12:6) que tem o valor de 1/16 de denário. Quantia insignificante, coisa de pequeno valor.

12. Texto de Publílio Siro.

13. Provavelmente referência a Fédon de Élis, um filósofo grego. Fédon era nativo de Élis, tendo sido capturado em guerra e vendido como escravo. Veio posteriormente a entrar em contato com Sócrates em Atenas, tendo este o libertado da escravatura. Mais tarde, regressou a Élis, fundando uma escola filosófica, a Escola de Élis.

14. Sentença oracular, como as citadas anteriormente.

15. Frases de Publílio Siro.

16. Frase de Salústio.

17. Esse problema, a saber, se a parenética, ou preceptística, é por si só suficiente para a formação do sábio, está discutido na carta XCV, a próxima.

18. NT: Filipe II da Macedônia (em grego: Φίλιππος) foi rei da Macedônia de 359 a 336 a.C.

19. Na retórica, a protrepsia (grego: πρότρεψις) e a paraênesis (παραίνεσις) são dois estilos de exortação intimamente relacionados que são empregados por filósofos morais. O uso de "conselhos por preceitos" é discutido na carta anterior por outro ângulo.

20. *Vernilitas*, o descaramento ou ousadia de um escravo doméstico.

21. NT: Asclepíades de Bitínia (129 a.C. – 40 a.C.) foi um médico grego nascido em Prusa, na Bitínia, que trabalhou em Roma. Teve sua formação em Alexandria, o maior centro científico de sua época. Asclepíades tinha muitos pupilos, que formavam a escola Metódica.
22. *Decreta*, *seita* e *placita* respectivamente.
23. Ver Lucrécio, *De rerum natura*, *Da Natureza das Coisas*, I, 54.
24. Do latim *elementa et membra*, pode significar "letras e cláusulas" ou "matéria e formas de matéria".
25. NT: A hidropisia, também conhecida como ascite ou barriga d'água, não é uma doença propriamente dita, mas um sinal clínico que pode ser decorrente de algumas enfermidades, uma síndrome. Ela ocorre quando há retenção de líquidos na cavidade abdominal, músculos e pele, o que prejudica o bom funcionamento do organismo como um todo.
26. Hipócrates.
27. Catamita era o companheiro jovem, pré-adolescente ou adolescente, em uma relação de pederastia entre dois homens no mundo antigo, especialmente na antiga Roma. Geralmente refere-se a amantes homossexuais jovens e passivos.
28. Trecho cheio de corruptelas.
29. Trecho de *Eneida*, de Virgílio.
30. Mais uma vez, Sêneca critica os tão populares jogos de gladiadores.
31. A ordem equestre romana (*ordo equester*) formava a mais baixa das duas classes aristocráticas da Roma Antiga, estando abaixo da ordem senatorial (*ordo senatorius*).
32. Jantar de gala oferecido pelo oficial ao assumir seu posto.
33. NT: O sestércio (*sestertius*, em latim) era uma antiga moeda romana. O sestércio foi criado por volta de 211 a.C. como uma pequena moeda de prata que valia um quarto de denário.
34. NT: Marco Gávio Apício (ou simplesmente Apício; em latim, *Marcus Gavius Apicius*) foi um gastrônomo romano do século I d.C., suposto escritor do livro *De re coquinaria*, a melhor fonte para se conhecer a gastronomia do mundo romano.

35. Alusão ao culto judaico, que se difundiu um tanto em Roma e chegou mesmo a gozar de certa proteção de Popeia, mulher de Nero.
36. Trecho de *Heautontimoroumenos* (O Punidor de Si Mesmo), de Públio Terêncio Afro.
37. NT: etiologia (do grego αιτία, aitía, "causa") é o estudo ou ciência das causas.
38. Trecho de *Geórgicas*, III, de Virgílio, 75-81 e 83-85.
39. NT: Públio Clódio Pulcro (*Publius Clodius Pulcher*), mais conhecido apenas como Clódio, foi um político da República Romana conhecido por suas táticas populistas.
40. NT: Os ritos de *Bona Dea* ("Boa Deusa") eram realizados em dezembro na casa de um importante magistrado de Roma. Em 62 a.C., a cerimônia seria realizada na residência oficial de Júlio César, o pontífice máximo, em Régia. As anfitriãs foram sua esposa, Pompeia, e sua mãe, Aurélia, com a supervisão das virgens vestais. Este era um culto do qual os homens não tinham permissão para falar ou mesmo de saber o nome da deusa, que era chamada de "Boa Deusa". Clódio se intrometeu nos ritos disfarçado de mulher, supostamente com o objetivo de seduzir Pompeia, mas foi descoberto. O crime de Clódio era, portanto, duplamente grave: adultério e violação religiosa.
41. Ver Cícero, *Cartas a Ático*.
42. A Floralia era um festival romano, em honra à deusa Flora, ocorrido no mês de maio e ligado ao ciclo agrário com objetivo de consagrar as florações da primavera. Havia representações teatrais, solturas de animais associados à fertilidade e divertimentos realizados no Circo Máximo.
43. Ver Epicuro, *Cartas e Princípios*.
44. Ver Virgílio, *Eneida*, II, 428.
45. Metrodoro de Lâmpsaco foi um filósofo grego da escola epicurista. Embora um dos quatro principais defensores do epicurismo, apenas fragmentos de suas obras permanecem.
46. Ver *Vidas e doutrinas dos filósofos ilustres* – Livro X – Epicuro.
47. Ver outras referências a Múcio nas epístolas XXIV e LXVI (Volume I).

48. NT: Marco Atílio Régulo (299 a.C. – 246 a.C.; em LATIM: *Marcus Atilius Regulus*). Conta a tradição que os cartagineses teriam enviado o ilustre prisioneiro a Roma para que ele convencesse seus concidadãos a cederem à paz. O combinado era que, se ele não conseguisse fazê-lo, deveria retornar a Cartago para ser executado. Régulo, em vez de defender a paz, revelou aos romanos as condições político-econômicas dos inimigos exortando-os a tentarem um último esforço, pois Cartago não conseguiria resistir à pressão da guerra e seria derrotada. Ao término de seu discurso, honrando a sua palavra, retornou para Cartago e foi torturado e executado. Aparentemente, a tortura infligida a Régulo, que teve as pálpebras cortadas, foi ser rolado morro abaixo dentro de um barril cheio de pregos.

49. NT: Públio Rutílio Rufo foi um político da gente rutília da República Romana eleito cônsul em 104 a.C.

50. NT: Caio Fabrício Luscino, dito Monocular, foi eleito cônsul por duas vezes, em 283 e 278 a.C. As histórias sobre Fabrício são os padrões de austeridade e incorruptibilidade, muito parecidas com as contadas sobre Cúrio Dentato.

51. A faixa larga (de púrpura) ornava a toga dos senadores, por oposição à faixa estreita que decorava a toga dos equestres. Séxtio, portanto, recusou a oferta de ter seu nome na lista dos membros da classe senatorial. "Divino Júlio" é referência a Júlio César.

52. NT: Os filólogos estão de acordo em haver uma lacuna ao final do parágrafo 14. Hense defende que a carta VI termina no §14 e que o texto a partir do §15 seria outra, cujo início se perdeu. Ignora-se quem seria este "excelente homem velho" referido a seguir.

53. Provavelmente Quinto Júnio Marulo, que foi um senador romano da gente júnia nomeado cônsul sufecto para o nundínio de setembro a dezembro de 62. Ver Tácito, *Anais*, XIV, 48.

54. Como Lipsius assinalou, o restante da carta de Sêneca consiste na citada carta a Marulo.

55. A visão romana difere da visão moderna, assim como esta carta é bastante mais severa do que a Carta LXIII – Sobre sofrimento por amigos perdidos (Volume I).

56. Linguagem quase idêntica às palavras finais da carta LXIII: *"quem putamus perisse, praemissus est"* (Volume I).

57. Na época de Nero, muitos jovens de classe nobre passaram a participar dos jogos de arena e corridas de biga, seguindo o (mau) exemplo do imperador. Ver Francis Holland no livro *Sêneca, Vida e Filosofia*.

58. Ver Diógenes Laércio, *Vidas e Doutrinas dos Filósofos Ilustres*, livro X.

59. NT: Papirio Fabiano foi um retórico e filósofo da Roma Antiga, ativo na última época de Augusto e nos tempos de Tibério e Calígula, na primeira metade do primeiro século. Foi professor de Sêneca. Suas obras são frequentemente citadas por Plínio na *História Natural*, e Sêneca diz que seus escritos filosóficos foram superados apenas pelos de Cícero, Pólio e Lívio.

60. Ou seja, seu estilo é como um rio em vez de uma corredeira.

61. Os homens ricos às vezes instalavam em seus palácios uma imitação de *"cabine de homem pobre"*, por contraste com os outros quartos ou como um gesto para uma vida simples; Sêneca usa a frase figurativamente para determinados dispositivos em composição. Ver também carta XVIII (Volume I) e Marcial, III, 48: *"Pauperis extruxit cellam, sed vendidit Olus; praedia; nunc cellam pauperis Olus habet."*

62. NT: Caio Asínio Polião (n. 65 a.C.– 4 d.C.) foi um político da gente asínia eleito cônsul em 40 a.C. É conhecido por sua carreira como orador, poeta, autor teatral, crítico literário e, principalmente, como historiador, cuja obra, perdida, uma "História de Roma" até sua época, foi muito utilizada como fonte para as obras de Apiano e Plutarco. Polião foi ainda um patrono de Virgílio, amigo de Horácio e recebeu de ambos poemas dedicados a si.

63. Ver Quintiliano, X, I;11: *"Multa in Asinio Pollione inventio, summa diligentia, adeo ut quibusdam etiam nimia videatur; et consilii et animi satis; a nitore et iucunditate Ciceronis ita longe abest, ut videri possit saeculo prior."*

64. A redação aqui se assemelha de forma impressionante à do Velho Sêneca em *Controvérsias*, II. Ver Francis Holland, *Sêneca, Vida e Filosofia*.

65. NT: Tito Lívio, conhecido simplesmente como Lívio, é o autor da obra histórica intitulada *Ab urbe condita* ("Desde a fundação da cidade"), onde tenta relatar a história de Roma desde o momento tradicional da sua fundação, de 753 a.C. até ao início do século I da Era Cristã.

66. Trecho de *As Éclogas de Virgílio* (também chamadas de *Bucólicas*).
67. Horácio, seu amigo íntimo, escreveu "para animar o Mecenas desanimado"; e Plínio menciona suas febres e sua insônia *"perpetua febris... Eidem triennio supremo nullo horae momento contigit somnus"*.
68. Trecho de *Eneida*, de Virgílio.
69. *Infelix arbor*, isto é, a cruz.
70. NT: Nenhuma das cartas conservadas é dedicada à discussão deste problema.
71. NT: Secundinas: placenta, cordão umbilical e membranas, normalmente expulsos do útero após o parto.
72. NT: Referência aos epicuristas. Ver *Vidas e doutrinas dos filósofos ilustres* – Livro X – Epicuro.
73. Trecho de *Eneida*, de Virgílio.
74. Compare com a carta VII (Volume I).
75. Lúcio Júnio Gálio Aneano é senador romano e irmão de Sêneca. Conhecido pelo julgamento de Paulo em Corinto relatado nos Atos dos Apóstolos.
76. Relativo a, ou natural de, Síbaris, antiga cidade grega do sul da Itália. Diz-se de pessoa dada aos prazeres físicos, à voluptuosidade, à indolência.
77. Para esse mesmo assunto, ver carta XXVIII – SOBRE VIAJAR COMO CURA PARA O DESCONTENTAMENTO (Volume I).
78. Trecho de *Eneida*, de Virgílio, III, 282.
79. NT: O rio Büyük Menderes (cujo nome em latim é *Maeander*, também chamando Meandro) é um rio no sudoeste da Turquia. Nasce no centro-oeste da Turquia, perto de Dinar, correndo a oeste para o mar Egeu, desaguando perto da antiga cidade de Mileto.
80. Esses homens são padrões ou intérpretes das virtudes. Os primeiros nomes representam respectivamente coragem, justiça e autocontrole. Sócrates é o sábio ideal, Zenão, Crisipo e Posidônio são, por sua vez, o fundador, o organizador e o modernizador do estoicismo. Ver George Stock, *Estoicismo*.
81. Trecho de *Eneida*, de Virgílio, VI, 277.
82. NT: Tirania dos Trinta vai de 431 a 404 A.C. (Guerra do Peloponeso).

83. Trecho de *Eneida*, de Virgílio.

84. NT: Pode ser referência a esta própria coleção de cartas ou a outra obra, perdida. Em paralelo com as cartas a Lucílio, Sêneca redigiu um volumoso tratado dedicado ao estudo de diversos temas científicos, com o título de *Naturales Quaestiones*. Das três grandes áreas em que o estoicismo dividia a filosofia – lógica, física e ética –, esta obra aborda a física. Ver George Stock, *Estoicismo*.

85. NT: Para outra discussão sobre o aspecto corpóreo da alma, ver também Carta LVII – SOBRE AS PROVAÇÕES DE VIAGEM (Volume I).

86. Ver Lucrécio, *Sobre a Natureza das Coisas*, I, 304.

87. Tito Lucrécio Caro foi um poeta e filósofo romano que viveu no século I a.C. Sua fama decorre do poema *De rerum natura* (*Sobre a natureza das coisas*), onde expõe a filosofia de Epicuro.

88. NT: "*estamos jogando latrunculi*"; *latrunculi* (diminutivo de *latro*, "ladrão") era jogado num tabuleiro de 64 casas de cor alternada, similar ao atual jogo de damas.

89. Este ponto apresenta lacuna no texto original, aparentemente Sêneca estabelece uma diferença entre amigos e escravos. Escravos fugirem ou traírem seria caso sem gravidade, o previsível.

90. Trecho de *Eneida*, de Virgílio, 274.

91. Sêneca usa a palavra "*Tiro*", soldado que acabou de ingressar nas fileiras, inexperiente. Sêneca frequentemente faz uso de metáforas jurídicas ou militares.

92. Em Epiteto estes versos são atribuídos a Cleantes (omitindo a última linha); enquanto Santo Agostinho os cita como de Sêneca. Cícero traduziu muitos textos gregos para o latim.

93. NT: Pode ser referência a esta própria coleção de cartas ou a outra obra, perdida. Em paralelo com as cartas a Lucílio, Sêneca redigiu um volumoso tratado dedicado ao estudo de diversos temas científicos, com o título de *Naturales Quaestiones*.

94. O primeiro e mais convincente professor de estoicismo de Sêneca, a quem esta carta é um tributo. O mais hábil dos filósofos de sua época, ele foi banido durante o reinado de Tibério. Ver Francis Holland, *Sêneca, Vida e Filosofia*.

95. NT: Frígia era o nome da região centro-oeste na antiga Ásia Menor (Anatólia), na moderna Turquia. Ali floresceu o Reino da Frígia, famoso por seus reis lendários que povoaram a era heroica da mitologia grega: Górdias, cujo nó górdio seria desatado por Alexandre; e Midas, que transformava em ouro tudo o que tocava.

96. Provérbios de Públio Siro.

97. Ver Diógenes Laércio, *Vidas e doutrinas dos filósofos ilustres* – Livro VII.

98. Provérbios de Públio Siro.

99. Filósofo grego que foi mestre de Sêneca e da escola fundada por Quinto Séxtio.

100. Tibério alcançou o poder após a morte de Augusto, no ano 14 d.C. Conforme a data que se admita para o nascimento de Sêneca, o filósofo teria entre 15 e 18 anos.

101. Nomeadamente o culto de Isis e o culto judaico, que foram objeto de interdição por um édito publicado no ano 19: "*Actum et de sacris aegyptiis judaicisque pellendis: factumque patrum consultum, "ut quatuor millia Hbertini generis, ea superstitione infecta, quis idonea aetas, in insulam Sardinian! veherentur... ceteri cederent Italia, nisi certam ante diem profanos ritus exuissent*". Tácito, *Anais*, II. 85

102. Trecho de *Geórgicas*, de Virgílio.

103. Trecho de *Geórgicas*, de Virgílio.

104. Trecho de *Eneida*, de Virgílio.

105. Ver Cícero, *Da República*.

106. NT: Sérvio Túlio foi o sexto rei de Roma. Segundo a tradição, reinou por 44 anos, entre 578 a.C. e 539 a.C.

107. NT: Anco Márcio pertenceu à série de reis lendários que governaram Roma até 509 a.C. Neto de Numa Pompílio, sucessor de Rômulo. Foi o quarto rei da cidade e o último de origem sabina.

108. NT: Ditador (em latim: *Dictator*) era o mais alto magistrado extraordinário na República Romana. Também era chamado de pretor máximo (*Praetor*

Maximus) e mestre do povo (*Magister Populi*). O ditador era geralmente nomeado em circunstâncias de perigo extraordinário, seja por inimigos estrangeiros ou sedição interna, eventos frequentes segundo Lívio.

109. NT: Previsão realizada pelos sacerdotes, entre os romanos, que se diziam adivinhar o futuro, baseando-se no canto ou no voo das aves. Áugures ou arúspices eram sacerdotes da Roma Antiga que usavam os hábitos dos animais para tirar presságios, exemplos disso são o seu voo, o seu canto e suas próprias entranhas.
110. Literalmente, marcado por cal.
111. Trecho de *Vahlen*, de Quinto Ênio.
112. Trecho de *Geórgicas*, de Virgílio.
113. Trecho de *Vahlen*, de Quinto Ênio.
114. Isto é, em posse de uma sabedoria perfeita, enciclopédica.
115. NT: Ver Ovídio, *Metamorfoses*, I, 595.
116. NT: Na mitologia romana, cada homem tinha um gênio e cada mulher uma juno (que também era o nome da rainha dos deuses, esposa de Júpiter). Originalmente, gênio/juno eram ancestrais que zelavam por seus descendentes. Com o passar do tempo, eles se transformaram em espíritos guardiães pessoais, concedendo intelecto e grande talento. Sacrifícios eram feitos para o gênio/juno de cada pessoa, na data do aniversário dela.
117. A Morte.
118. Trecho de *De rerum natura (Sobre a natureza das coisas)*[ver nota 87], por Tito Lucrécio.
119. NT: Referência ao processo de minério de ouro e prata.
120. Os romanos consideravam línguas de flamingos uma iguaria e eram servidas em um prato que incluía também cérebros de faisão, fígados de papagaio e tripas de lampreia. Os poetas romanos criticaram a matança dos magníficos pássaros por suas línguas. Um poeta, Marcial, escreveu: minha asa vermelha me dá o meu nome, mas os epicuristas consideram minha língua tão saborosa. Mas e se a minha língua pudesse cantar?

121. Professor de Sêneca. Átalo foi um filósofo estoico atuante no reinado de Tibério. Ele foi defraudado de sua propriedade por Sejano e exilado, onde foi reduzido a cultivador do solo. Sêneca, o velho, o descreve como um homem de grande eloquência e, de longe, o filósofo mais perspicaz de sua época. Ele ensinou a filosofia estoica a Sêneca, que o cita com frequência e fala dele nos mais altos termos. Ver Francis Holland, *Sêneca, Vida e Filosofia*. Ver também carta CVIII (Volume III).

122. Professor de Sêneca, Átalo foi um filósofo estoico atuante no reinado de Tibério. Ele foi defraudado de sua propriedade por Sejano e exilado, onde foi reduzido a cultivador do solo. Sêneca, o velho, o descreve como um homem de grande eloquência e, de longe, o filósofo mais perspicaz de sua época. Ele ensinou a filosofia estoica a Sêneca, que o cita com frequência e fala dele nos mais altos termos. Veja também carta CVIII (VOLUME III).

123. NT: Sophismata é transcrição do grego antigo σόφισμα -ατος, derivado de σοφίζεσθαι "fazer raciocínios capciosos" no sentido inicial de "habilidade", o termo foi adquirindo várias conotações pejorativas, "expediente", "intriga" e finalmente "sofisma" (por oposição ao "raciocínio justo"). Sofisma ou sofismo em filosofia é um raciocínio ou falácia, mediante o qual se quer defender algo falso e confundir o interlocutor.

124. Zombaria, trivialidade. Significava originalmente "troça, discurso trocista, irônico", segundo Sêneca tem o sentido de "discurso oco, sutileza de palavras", e neste sentido o termo é frequentemente usado por Quintiliano.

125. Sêneca era um grande e próspero produtor de videiras. Veja na carta CIV sua descrição de seu *hobby* no campo perto de Nomento.

126. NT: Os antigos estoicos defendiam que as virtudes seriam seres animados. Ver Diógenes Laércio, *Vidas e doutrinas dos filósofos ilustres – Livro VII*.

127. A alusão é sarcástica. O *Phaecasium* era um sapato branco usado pelos sacerdotes gregos e oficiais atenienses, às vezes imitados por romanos.

128. NT: Quimera é uma figura mística caracterizada por uma aparência híbrida de dois ou mais animais e a capacidade de lançar fogo pelas narinas. Figurativamente o termo alude a qualquer composição fantástica, absurda ou monstruosa, constituída de elementos disparatados

ou incongruentes. É descrita de forma diversa nas várias narrativas mitológicas, como, por exemplo, tendo cabeça e corpo de leão, com duas cabeças anexas, uma de cabra e outra de dragão.

129. Ver carta CVIII neste volume.

130. NT: Segundo os estoicos gregos, "Deus é redondo", justificando tal ideia pela divindade se identificar com o universo, esférico. Ver a sátira *A Apocoloquintose do divino Cláudio*, literalmente "*A Transformação de Cláudio em Abóbora*".

131. NT: "Essência primordial" ou "princípio dominador da alma". Ver carta CXXI neste volume.

132. NT: Trecho da *Eneida*, de Virgílio, Sêneca faz um jogo de palavras, entre os seis pés do hexâmetro datílico e pés como medida de comprimento, assim o hexâmetro nunca poderia ser redondo!

133. NT: Aríston de Quios, o estoico, comparava as sutilezas da dialética a teias de aranha. Ver Diógenes Laércio, *Vidas e doutrinas dos filósofos ilustres* – Livro VII.

134. *Talis hominibus fuit oratio qualis vita.*

135. NT: trechos de escritos de Mecenas. Além de Sêneca, seus textos foram ridicularizados por Augusto e Quintiliano pelo estilo estranho, uso de palavras raras e transposições inapropriadas.

136. NT: A Lei das Doze Tábuas (*Lex Duodecim Tabularum*) constituía uma antiga legislação, promulgada em 450 a.C., que está na origem do direito romano. Formava o cerne da constituição da República Romana.

137. Caio Salústio Crispo (86 a.C. – 34 a.C.) foi um dos grandes escritores e poetas da literatura latina. Nasceu em Amiterno, na Sabina, em uma família de posses, tendo uma formação requintada. Foi cedo para Roma e recebeu apoio de pessoas de influência da sua família. Com o apoio de Júlio César, Salústio foi eleito questor, cargo que lhe assegurou uma cadeira no senado romano.

138. Trecho de *Geórgicas*, de Virgílio.

139. Trecho de *Eneida*, de Virgílio, I, 327 e 330.

140. Trecho de *Metamorfose*, de Ovídio.

141. Trecho de *Metamorfose*, de Ovídio.

142. Trecho de *Belerofonte*, de Eurípedes.

143. NT: Eurípides foi um poeta trágico grego, do século V a.C., o mais jovem dos três grandes expoentes da tragédia grega clássica, que ressaltou em suas obras as agitações da alma humana e em especial a feminina. Tratou dos problemas triviais da sociedade ateniense de seu tempo, com o intuito de moderar o homem em suas ações.

144. NT: Belerofonte (grego antigo: Βελλεροφῶν) é uma antiga tragédia grega escrita por Eurípedes, baseada no mito de Belerofonte. A maior parte da peça foi perdida no final da Antiguidade e apenas 90 versos, agrupados em 29 fragmentos, sobrevivem atualmente.

145. NT: Panécio de Rodes foi um filósofo estoico discípulo de Diógenes da Babilônia e de Antípatro de Tarso, antes de viajar para Roma onde foi influente na introdução das doutrinas estoicas.

146. Discussão da mesma natureza pode ser encontrada nas cartas CVI e CXIII neste volume.

147. NT: Para os estoicos, apenas quatro "coisas" formavam a classe dos incorpóreos: o tempo (*tempus*), o espaço (*locus*), o vazio (*inane*) e o enunciado (*dictum*). Ver Diógenes Laércio, *Vidas e doutrinas dos filósofos ilustres* – Livro VII.

148. NT: não se sabe qual autor é criticado neste ponto.

149. Ver Cícero, *Cartas a Ático*, I, 12, 4.

150. NT: Públio Vatínio foi um político da gente vatínia da República Romana eleito cônsul em 47 a.C. Depois de terminado seu mandato, Vatínio foi acusado formalmente por Caio Livínio Calvo de aceitar subornos. Cícero, em seu discurso contra Vatínio, o descreve como um dos maiores vilões da história romana e relata que seu aspecto pessoal era desagradável porque ele tinha o rosto e o colo cobertos por inchaços. Numa alusão a eles, Cícero o chama de "*struma civitatis*".

151. Trecho de Horácio, *Sátiras*, I, 2, 114.

152. NT: Caio Fabrício Luscino. Em 280 a.C., depois que os romanos foram derrotados por Pirro na Batalha de Heracleia, Fabrício e outros negociaram os termos da paz com o soberano grego. Plutarco relata que

Pirro ficou impressionado com sua incapacidade de subornar Fabrício e libertou os prisioneiros sem exigir o resgate.

153. NT: Públio Horácio Cocles (em latim: *Horatius Cocles*) foi um oficial militar romano do século VI a.C. *Cocles* significa "com um olho só". Segundo a lenda, defendeu sozinho a ponte que levava à cidade de Roma, impedindo que fosse tomada pelos etruscos liderados por Porsena.

154. NT: Uma doença crônica do próprio Sêneca. Veja o fragmento autobiográfico na Carta LXXVIII (Volume II).

155. Mânio Cúrio Dentato foi um político da gente cúria da República Romana, eleito cônsul por três vezes, em 290, 275 e 274 a.C. Foi um herói plebeu da República, famoso por ter acabado com as Guerras Samnitas. Seu cognome parece ser derivado do fato de ter nascido já com dentes na boca.

156. Trecho de Horácio, *Sátiras*, I, 3, 11-17.

157. Arquidemo (cerca II a.C.) é um filósofo estoico, natural de Tarso, que viveu por volta do ano 160 a.C. É provável que seja o mesmo que Plutarco chama de "O Ateniense". Acredita-se que fundou uma escola de estoicos na Babilônia.

158. "*Felicitas*" se torna "*infelicitas*".

159. Ou seja, a "alma do mundo", da qual cada alma viva faz parte. Os estoicos pensavam que estava situado no coração. Zenão chamou ἡγεμονικόν, "poder governante"; enquanto os romanos usam o termo *principale* ou *principatus*. O princípio descrito acima é ὁρμή (impulso) ou τόνος (tensão).

160. NT: Nas cartas XV (VOLUME I), LXXXII (VOLUME II) e CXVI, Sêneca se refere ao instinto natural que leva o homem ao cuidado próprio. Infelizmente, não se conserva nenhuma carta em que o assunto fora sistematicamente desenvolvido.

161. Trecho de *Geórgicas*, de Virgílio.

162. NT: O termo antípoda quer dizer regiões situadas do outro lado da Terra e vem do plural antípodas. Este termo veio de uma expressão grega significando literalmente "pés opostos" (as pessoas que habitariam nos antípodas caminhariam "ao contrário").

163. NT: Cícero também fala de certos debochados que "vomitam em cima da mesa, têm de ser levados em braços dos salões de banquete, mas no dia seguinte recomeçam a comezaina com a digestão ainda por fazer e que, como eles próprios dizem, nunca viram o pôr nem o nascer do Sol". Ver *De finibus*, II, 23.
164. Corujas, aves de mau agouro.
165. NT: A hidropisia, também conhecida como ascite, ou barriga d'água, não é uma doença propriamente dita, mas um sinal clínico que pode ser decorrente de algumas enfermidades, uma síndrome. Ela ocorre quando há retenção de líquidos na cavidade abdominal, músculos e pele, o que prejudica o bom funcionamento do organismo como um todo.
166. NT: Albinovano Pedo foi um poeta romano, que viveu entre o final do século I a.C. e o início do século I d.C., na época de Augusto e Tibério. Escreveu *Theseis*, mencionada em uma carta de seu amigo Ovídio, epigramas que são elogios a Marcial e um poema épico sobre as aventuras de Germânico.
167. Na Roma Antiga, banquete inaugural era um jantar de gala oferecido ao oficial ao assumir seu posto.
168. Viver pelo estoicismo e não pelo epicurismo. O estoico romano deve deixar a prática homossexual para os gregos.
169. NT: Aguilhão, peça de ferro pontiaguda encaixada numa vara comprida, usada pelos condutores de carro de boi para disciplinar os bois com espetadelas no corpo dos animais. A expressão bíblica "recalcitrar contra o aguilhão" corresponde a "dar socos em ponta de faca".
170. Trecho de *Geórgicas*, de Virgílio.
171. Os seguidores de Epicuro.
172. NT: Não se sabe a quem Sêneca se refere. Talvez Aristipo de Cirene, citado por Cícero.
173. De acordo com os estoicos (e outras escolas também), as "noções inatas", ou bases de conhecimento. Após o sétimo ano de uma criança, elas começam a ser sujeitas à razão.

LEIA TAMBÉM

LEIA TAMBÉM

LEIA TAMBÉM

LEIA TAMBÉM

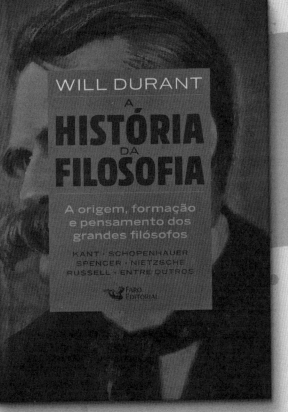

ASSINE NOSSA NEWSLETTER E RECEBA
INFORMAÇÕES DE TODOS OS LANÇAMENTOS

WWW.FAROEDITORIAL.COM.BR

Há um grande número de portadores do vírus HIV e de hepatite que não se trata.
Gratuito e sigiloso, fazer o teste de HIV e hepatite é mais rápido do que ler um livro.

Faça o teste. Não fique na dúvida!

CAMPANHA

ESTE LIVRO FOI IMPRESSO
EM MARÇO DE 2022